FÉ E RAZÃO
A Cura Milagrosa na Renovação Carismática

Celso Kallarrari

FÉ E RAZÃO
A Cura Milagrosa na Renovação Carismática

DIREÇÃO EDITORIAL:
Marcelo C. Araújo

COMISSÃO EDITORIAL:
Avelino Grassi
Edvaldo Araújo
Márcio Fabri dos Anjos

COPIDESQUE:
Ana Rosa Barbosa

REVISÃO:
Ana Aline Guedes da Fonseca de Brito Batista

DIAGRAMAÇÃO:
Érico Leon Amorina

CAPA:
Alfredo Castillo

© Ideias & Letras, 2014.

Rua Diana, 592
Cj. 121 - Perdizes
05019-000 - São Paulo - SP
(11) 3675-1319 (11) 3862-4831
Televendas: 0800 777 6004
www.ideiaseletras.com.br

Dados Internacionais de Catalogação na Publicação (CIP)
(Câmara Brasileira do Livro, SP, Brasil)

Kallarrari, Celso
Fé e razão: a cura milagrosa na renovação carismática / Celso Kallarrari. São Paulo: Ideias & Letras, 2014.

ISBN 978-85-65893-60-2

1. Carisma 2. Cura - Aspectos religiosos - Cristianismo 3. Cura pela fé 4. Cura pelo espírito 5. Dons espirituais 6. Espírito Santo 7. Espiritualidade 8. Renovação Carismática Católica I. Título.

14-04918   CDD-234.131

Índices para catálogo sistemático:

1. Cura interior : Carisma da cura : Carismas do Espírito Santo : Renovação Carismática Católica : Cristianismo 234.131

A fé é o instinto da ação.
Fernando Pessoa

Índice

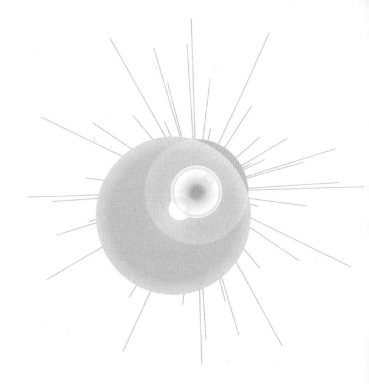

Apresentação — 9
Introdução — 15

Capítulo 1

1 - Medicina e religião: o debate entre fé e razão — 25

1.1 - Na Antiguidade: mais fé que razão — 28

1.2 - No Renascimento: a razão briga com a fé — 34

1.3 - Na Modernidade: a razão empurra a fé — 37

1.3.1 - Medicina e religião: razão e fé buscam pontos de contato — 44

1.3.2 - Medicina e religião: conflitos ou convergências? — 62

Capítulo 2

2 - RCC: convergência entre fé (milagres) e razão (medicina) — 73

2.1 - O Sagrado no mundo contemporâneo — 73

2.2 - Movimento da Renovação Carismática Católica (RCC) — 76

2.3 - RCC: uma oferta de saúde através de milagres — 82

2.4 - RCC: negociação entre a fé e a razão — 89

2.5 - Campo religioso atual: a fé desafia a razão — 99

Capítulo 3

3 - Fé (religião) e razão (medicina):
a cura milagrosa na RCC — 108

3.1 - Religião do espírito — 108

3.2 - A cura milagrosa na RCC — 112

3.3 - Como acontece a cura milagrosa na RCC — 122

3.4 - A experiência da cura milagrosa na RCC: integração entre fé e razão — 131

3.5 - A necessidade da re/aproximação da fé e razão, da religião e medicina — 140

Conclusão — 149
Referências bibliográficas/webgrafia — 161

Apresentação

Passados exatamente seis meses, fui acometida, de repente, por dores excruciantes na barriga que me faziam gritar e atormentar os vizinhos dia e noite. Mas, como sou devota da Virgem Santíssima, a Rainha da Misericórdia, pedi a ela que intercedesse em meu favor, e passei todo sábado a jejuar só a pão e água. Certo dia, ao fazer minhas necessidades, vi todas aquelas coisas impuras saírem do meu corpo.[1]

Assim descreve, nos idos de 1484, uma devota da cidade de Zerben, na diocese de Strasburg/França, aos inquisidores sobre seus males e suas suspeitas de ter sido acometida por bruxaria e a intervenção divina.

Diagnóstico, etiologia e cura divina compõem o imaginário social da época, que atribui às forças demoníacas as doenças dos fiéis. Relatos como esses, entre inúmeros fatores, permitiram que o

---

1 KRAMER, Heinrich e SPRENGER, James. *O martelo das feiticeiras* (*Malleus Maleficarum*) (14ª ed.). Rio de Janeiro: Rosa dos Tempos, 2000, p. 284.

braço jurídico da Igreja Católica se legitimasse para realizar a "caça às bruxas", em nome da defesa do processo civilizatório cristão, ameaçado perante a insubordinação dos saberes tradicionais de parteiras e curandeiras.

Se, nos primórdios da Modernidade, a relação doença-cura-religião sofre a interdição jurídica em nome de Deus, mais adiante, com o surgimento do Iluminismo, no século XVIII, essa relação será, novamente, interceptada pelo discurso científico que relegou a intervenção terapêutica da religião a crendices, e os conhecimentos populares de cura a meras superstições. No decorrer dos próximos séculos, uma visão biomédica impor-se-ia na sociedade ocidental onde a saúde seria tida como ausência de doença e, todo diagnóstico, corresponderia a uma terapia fármaco-medicamentosa. Consolida-se, com o tempo, uma prática racional sobre corpo-mente que, unido a perspectivas secularizantes, legitimam a medicina a sustentar um discurso monolítico que exclui quaisquer saberes que não se enquadrem naquele tido como científico.

Porém, nas últimas décadas, com a emergência de inúmeros grupos terapêuticos e religiosos que reivindicam, entre outras, a dimensão espiritual como parte dos processos de cura, há contestação na medicina, especialmente a alopática, sobre a redução da saúde à esfera física. Ambos repõem, à sua maneira, o componente religioso-espiritual como sendo transversal à experiência humana de doença, ampliando as noções de saúde e de cura.

O primeiro grupo, o de terapias alternativas, paliativas e/ou complementares, resgata uma percepção holística da medicina ao incorporar, de um lado, outras racionalidades pautadas na integração da sensibilidade corporal, ecológica e cósmica, posturas frequentemente associadas com o movimento espiritual denominado de Nova Era. De outro lado, as noções de saúde-doença-cura, como sendo socialmente produzidas com as consequentes exigências de agenciamento político do cuidado da vida – nos termos de

Foucault, biopoder/biopolítica.² Já o segundo grupo, representado fundamentalmente no pentecostalismo, repõe o imaginário cristão que atribui às forças demoníacas os males físicos-mentais dos fiéis-cidadãos, e prega curas milagrosas como manifestação do triunfo divino sobre o mal desse mundo.

É nesse horizonte interpretativo da doença-remédio-cura-salvação que o pentecostalismo, nascido no protestantismo norte-americano do final do século XIX, finca os alicerces de sua expansão ao alastrar multidões que procuram respostas significativas aos limites impostos à medicina, quer seja por doenças incuráveis, quer por ausência de diagnósticos assertivos, bem como por falta de recursos econômicos para tratamentos médicos. Nesse vácuo, o pentecostalismo protestante, sobretudo as igrejas neopentecostais, nascidas a partir dos anos 1980 (Igreja Universal do Reino de Deus, Renascer em Cristo, Igreja da Graça Internacional, Igreja Mundial do Poder de Deus), exploram até a exaustão um novo tipo de teodiceia cristã. Em tais explicações religiosas o protagonismo é do demônio e os instrumentos miraculosos de libertação de seus domínios levam à cura. Na mesma esteira interpretativa, o pentecostalismo católico, melhor conhecido como Renovação Carismática Católica (RCC), se insere no cenário brasileiro como agência que mitiga em seus fiéis a aflição produzida pela carência de recursos médicos e o descaso governamental com a saúde pública.

Assim, a estreita relação entre a experiência religiosa, a compreensão racional dos processos que restabelecem a saúde e a ressignificação pessoal do sentido da doença e da cura são a tríade que perpassa a análise que este livro apresenta. Seu autor percorre diversos caminhos conceituais para encontrar os elementos subjetivos que outorgam a significação ao fato objetivo da doença. Conceitos e categorias caras à sociologia da religião elucidam a

---

2 ESPERANDIO, Mary Rute Gomes e LADD, Kevin Lee. "Oração e Saúde para a Teologia e para a Psicologia da Religião". Em: *Horizonte*, Belo Horizonte, vol. 11, n. 30, pp. 627-656, abril/junho 2013, p. 634.

complexa realidade da enfermidade que desordena o cosmo pessoal e familiar e, por sua vez, altera o edifício cognitivo e afetivo dos doentes e seus parentes. Nesse ínterim, segundo o autor, encontram-se a fé e a razão, como chaves de leitura, tornando inteligível a maneira como as mulheres, oriundas da RCC, reinterpretam seu cosmo cotidiano e a maneira como se munem simbolicamente para combater as forças demoníacas que impedem o restabelecimento da saúde.

A pesquisa realizada recolhe a voz dessas mulheres que, dentro de um catolicismo romanizado, caracterizado por uma forte tendência doutrinal e rigidez da moral sexual, organizam os meios religiosos que dão suporte à angústia, ansiedade e ao medo desencadeados, quando não se controlam mais as enfermidades e seus efeitos colaterais. No limite, na perspectiva de Peter Berger, essas mulheres, como as do *Malleus Maleficarum*, encontram a função última da religião, para dar plausibilidade ao seu sofrimento e esperança de solução para seus tormentos.

É nesse momento que emerge o milagre como dispositivo estruturante da lógica cristã que garante a intervenção sobrenatural.[3] Junto ao demônio, o milagre subjaz latente no catolicismo – embora os dois tenham sido esquecidos após o Concílio Vaticano II –, como um fato essencialmente moral e como um sinal incontrolável da intervenção divina. Não obstante, mesmo sendo utilizados avançados recursos tecnológicos da medicina, ao ser rotulado o fato da cura como milagre, afirma-se que a procedência do restabelecimento do caos pessoal, familiar e/ou social é exclusivamente divina.

Nesse regime, a cura, no universo carismático, refere-se à recuperação da saúde, em todo seu espectro, inclusive a elevação da autoestima decorrente do reconhecimento social alcançado pelo testemunho pessoal do doente, ao se narrar a experiência nos grupos de oração. No circuito da cura como milagre, formam parte a graça,

---

3 REESINK, Mísia Lins. "Para uma antropologia do milagre: Nossa Senhora, seus devotos e o regime de milagre". Em: *Caderno CRH*, Salvador, vol. 18, n. 44, maio/agosto, 2005, pp. 267-280.

como explanação da cura almejada, e a bênção, como prevenção de forças adversas. As três significações da doença-saúde e milagre-graça-bênção entrelaçam-se, diluindo as fronteiras semânticas, soldando-se em um *continuum* histórico da religiosidade popular, povoada de quebras da rotina profana, pela irrupção do Sagrado.

Bênção, graça e cura fecham o círculo da fortuna e/ou da desgraça, às vezes alcançando os desejos, outras protegendo contra o infortúnio de invejas, rancores, desavenças entre parentes e amigos, desafetos, mas tudo sob a égide do regime moral do milagre. Decorre daí a reordenação existencial por meio do bem alcançado, isto é: a saúde. Milagre, graça e bênção concedidos, ora pelos recursos normais ao alcance da medicina, ora pela irrupção explícita do Sagrado.

No entanto, o milagre não exclui os meios técnico-racionais da medicina, pois na reinterpretação do devoto, "foram acionados por Deus no momento certo". O milagre será a evidência de salvação, do livramento total do sofrimento, da presença divina e da atualidade do Sagrado na Igreja.[4] Enfim, a salvação do doente, realizada no catolicismo, será a razão que o fideliza à Igreja e o afasta do mal que está a espreitar o mundo. Nessa direção, nas páginas seguintes, compreender-se-á o porquê de fé-razão e de medicina-religião não se contraporem, nem se excluírem, antes bem, complementarem-se e até reclamarem-se.

Aí reside a originalidade da discussão deste livro, que o leitor segura nas mãos, pois mostra como o catolicismo brasileiro se revigora ao acionar, de maneira criativa, os dispositivos fundantes de seu imaginário popular. O autor desvenda as nuanças da mola propulsora que os fiéis devotos ativam, a partir da matriz religiosa do Brasil, para permitir-se transitar, sem culpa, lá onde a cura e a salvação são oferecidas, ainda que isso ocorra, muitas vezes, a contragosto de alguns setores hierárquicos, católicos e pentecostais protestantes.

---

4   STEIL, Carlos *et al*. "Apresentação". Em: *Maria entre vivos: reflexões teóricas e etnográficas sobre aparições marianas no Brasil*. Porto Alegre: Editora da UFRGS, 2003, pp. 7-15.

Cabe alertar ao leitor atento que, após a leitura deste texto densamente reflexivo, continuará a deparar-se com a constatação de que a realidade insiste em questionar à Academia: no Brasil dos sem direito à saúde, milhares de fiéis-cidadãos, temerosos e hesitantes, encontram, em qualquer esquina, promessas de cura, milagre, graça e bênção e, por elas, estão dispostos a pagar preços exorbitantes. Será essa a face perversa daqueles que, em nome de Deus, raptam novamente a intrínseca relação entre medicina e religião?

Brenda Carranza
Campinas, julho de 2013

Introdução

Este livro, cuja temática versa sobre a relação entre fé e razão, nasceu, *a priori*, como resultado de nossa tese de doutorado, isto é, da tentativa de procurar entender duas instâncias, fé e razão (sagrado e profano), em seu recorte religião e medicina, que, no passado, coexistiam passivamente como campo de relações amigáveis. Entretanto, com o desenvolvimento autônomo de ambos os saberes, distanciaram-se, estabelecendo relações conflitivas, principalmente por conta do movimento iluminista e dos avanços da modernidade.

Nos dias atuais, em que a Modernidade desconstrói antigas metanarrativas e reconstrói outras porque "não se põe vinho novo em odres velhos", fé e razão não conseguem mais caminhar isoladas. Nesse novo contexto, percebemos uma dialética entre sagrado e profano porque, a nosso ver, esses dois elementos se aproximaram, ou seja, não se apresentam como outrora diante das divergências contemporâneas, como campos tão antagônicos.

Optamos por analisar o debate entre fé e razão sob a ótica da relação entre religião e medicina, a partir da concepção de campo, porque, conforme afirma Bourdieu (1983), a forma como os interesses e valores envolvem a produção científica, como se organizam e se definem desvela as relações de poder e de dominação existentes entre os diferentes agentes que configuram as relações sociais em determinado momento sociocultural. De fato, segundo Geertz (1989a), os agentes estão inseridos social e culturalmente em um padrão de significados transmitidos, por força de tradição, e incorporados em símbolos, ou seja, estão inseridos em um sistema de concepções herdadas, expressas em formas simbólicas por conhecimento e suas atividades em relação à vida. Para tal propósito, utilizaremos, pois, essas duas dimensões, cultural e social, além das dimensões psíquicas dos fenômenos religiosos em nossa análise do indivíduo acometido por doença incurável, cuja busca pela cura ou resolução do seu problema ocorre em dois espaços (religião e medicina) e implica duas dimensões socioculturais. Aliás, há, portanto, dentro da própria ciência uma disputa constante pela conquista da legitimidade de se falar e agir, pois o "universo da mais pura ciência é um campo como qualquer outro, com suas relações de força e monopólios, suas lutas, estratégias, interesses e lucros" (Bourdieu, 1983, p. 123).

Entendemos que, historicamente, esse binômio entre religião e medicina apresenta-se como dois campos do saber que, historicamente, ora se aproximam, ora se distanciam na busca pelo monopólio do saber em relação às questões relacionadas à saúde/doença, o que justifica a nossa escolha pela categoria "campo" como elucidativa na análise de tal relação. Para Bourdieu (1983), o campo consiste no espaço em que ocorrem as relações entre os indivíduos, grupos e estruturas sociais, espaço esse sempre enérgico e com uma dinâmica que obedece a leis próprias, animada sempre pelas disputas ocorridas em seu interior, e cujo móvel é, invariavelmente, o interesse em ser bem-sucedido nas relações estabelecidas entre seus componentes, seja no nível dos agentes, seja no das estruturas. O campo é, portanto, o local em que as coisas acontecem em sociedade.

No caso da prática científica, ela está orientada para a aquisição de um determinado tipo de capital em torno do qual se desenvolvem as disputas e se consolidam as hierarquias entre os cientistas e as diferentes instituições: prestígio e reconhecimento. E esses agentes do campo científico lutam pelo reconhecimento de seus produtos e de sua autoridade de produtor legítimo, o que significa o poder de impor sua definição de ciência. É nesse sentido que entendemos a dinâmica e complexa relação entre religião e medicina inserida no debate mais amplo entre fé e razão.

Nossa intenção neste livro é buscar, a posteriori, entender, a partir da análise das fiéis-pacientes entrevistadas, qual papel desempenha a RCC[5], objeto de nosso estudo, na atualidade, com sua oferta de cura através de milagres, levando em consideração a histórica relação entre fé e razão, entre religião e medicina, bem como os avanços da ciência e da racionalidade modernas que estão capacitadas a fornecer uma gama de respostas às mais diversas questões postas pela sociedade. Qual a concepção de saúde/doença apresentada pelas pessoas que afirmam ter recebido cura milagrosa a partir da experiência do milagre na RCC? E, ainda, no mundo contemporâneo, marcado pela racionalidade e pelas descobertas médico-científicas, ainda é possível falarmos em uma re/aproximação de fé e razão, de religião e medicina?

Historicamente, a medicina nasceu da religião e se desassociou, no decorrer dos tempos, mas, na atualidade, elas tendem a se re/aproximar de tal forma que podemos perceber uma espécie de convergência entre religião e medicina, entre fé e razão. Nessa conjuntura, o tratamento espiritual na RCC está embasado na crença/magia da realização de milagres por essa prática religiosa, mas, em alguns casos, tal crença/magia alia-se à busca e à manutenção do tratamento médico tradicional, o que evidencia, pois, uma tendência de relações complementares entre religião e medicina, entre fé e razão. Com efeito, o contexto sociocultural atual recebe diferentes denominações, dependendo da ênfase a alguns aspectos da cultura que se queira dar. Sendo assim, há autores

---

5   Doravante utilizaremos da sigla RCC ao nos referirmos à Renovação Carismática Católica.

que a denominam como modernidade líquida, como é o caso de Bauman (2001); outros a chamam de Pós-modernidade, como Jameson (1997) e Lyotard (1998); e há ainda aqueles que a chamam de modernidade reflexiva, como Anthony Giddens (1997), Ulrick Beck (1997) e Scott Lash (1997).

Respeitadas as diferenças, na forma e no conteúdo, conferidas às terminologias Modernidade/Pós-modernidade, buscamos nominar a cultura atual, destacando um ponto comum entre esses autores, quer seja a centralidade no uso da razão no desenvolvimento da ciência e no peso dado às respostas científicas, às principais questões das quais se ocupa o ser humano atualmente. Lyotard (1998) afirma inclusive que o marco histórico dessa era é o fim das metanarrativas, que "foram desfeitas pela evolução imanente das próprias ciências", ou seja, uma avaliação racional da razão. Na mesma direção, apontam Giddens, Beck e Lash (1997), ao se referirem à modernidade reflexiva.

Entretanto, alguns autores, a exemplo de Lash (1997, p. 251), afirmam que "vivemos em um sentido fundamental pela primeira vez em uma sociedade pós-tradicional", o outro lado da modernidade ou o não moderno, ou seja, a tradição. Para autores como Weber (1982), o que caracteriza a sociedade atual é a racionalidade e seu outro lado é a crença em um mundo regido pela magia. É nessa perspectiva que nossa análise se insere, pois entendemos que a forma como foi se dando a relação entre religião e medicina se coaduna com esse debate: quem deve reger a sociedade, a religião, com suas crenças mágicas, ou a razão, com a comprovação de suas descobertas?

Para Weber, por exemplo, o traço característico do mundo em que vivemos é a racionalização (Weber, 1982, p. 165), isto é, processo cultural que culminou na consciência de que, poderemos obter o conhecimento geral das condições sob as quais vivemos, se o quisermos. Na verdade, na sociedade racionalizada em que vivemos o progresso científico é uma fração o mais importante do processo de intelectualização que experimentamos em milênios, mas que, no mundo hodierno, é muitas vezes, visto como negativo. O significado prático dessa racionalização intelectualista, criada pela ciência e pela tecnologia, cientificamente orientada, parte do pressuposto de que a intelectualização e racionalização crescentes implicam um maior conhecimento geral das condições em que vivemos.

> Esse conhecimento significa que, no essencial, não intervêm forças misteriosas incalculáveis, mas que, a princípio, podemos controlar todas as coisas mediante o cálculo. Isso supõe um desencantamento do mundo. Já não é necessário recorrer a meios mágicos a fim de dominar ou implorar aos espíritos, como fazia o selvagem, para quem existiam tais poderes misteriosos. Os meios técnicos e os cálculos cumprem essa função. É esse o significado primordial da intelectualização (WEBER, 1982, p. 172).

Diante desse processo de construção da racionalidade, como foram se relacionando religião e medicina?

Em relação a essa questão, buscaremos, neste livro, delinear algumas possíveis respostas, tendo em vista a experiência do milagre de fiéis-pacientes, integrantes da RCC, nosso campo de investigação. Elas afirmam que foram portadoras de doenças cancerígenas e que, depois de aderirem ao Movimento da Renovação Carismática Católica, obtiveram, nele, a cura milagrosa.

Quanto à cultura atual, entendemos como Bauman (2001), cuja concepção é a de que a "modernidade líquida" corresponde a uma realidade histórica que é o resultado concreto da confluência de várias transformações macrossociais, como as crises do mundo capitalista e a decadência e o colapso final do sistema socialista soviético. A partir dessas crises, o que impera é uma espécie de "desordem", uma situação aparentemente caótica, em que os indivíduos como tal sentem-se desgarrados, isolados, desconectados de quaisquer certezas ou objetivos estáveis. Devido à extraordinária rapidez com que as mudanças (tanto culturais quanto materiais) ocorrem, as possibilidades de reacomodação ou de ajustamento individual às transformações estreitam-se, tornam-se privilégios de poucos. No mundo da modernidade líquida, tudo parece perder o "sentido", especialmente aquilo que, no passado, significava para os indivíduos fonte de segurança existencial e coletiva.

A partir das afirmações de Bauman e de outros autores, cujos pensamentos apresentaremos no decorrer dos capítulos deste livro, situamos a problematização de nosso objeto, ao nos perguntarmos, em primeiro lugar, como essa ordem ou, melhor dizendo, "desordem" de coisas se reflete no universo das religiões? Como as concepções de saúde/doença são significadas nesse contexto? Como (inter)agem a fé e a razão como significadoras da saúde na cultura atual? O que a RCC faz, no contexto cultural atual, com sua oferta de cura através de milagres?

Para Mariana Cortês, o movimento de mudanças religiosas que vem ocorrendo no Brasil nas últimas décadas se manifesta em centros, nos quais as instituições perderam sua capacidade de oferecer um eixo sólido para os comportamentos e um individualismo feroz se instala, na base do "salve-se quem puder". Na visão dessa autora, muitas experiências religiosas seriam, dessa forma, simples recursos para os indivíduos preservarem-se em um mundo caótico e sem sentido (Cortês, 2007). Desse modo, considerando a dinâmica como se apresenta a RCC no campo religioso brasileiro, seria esse o motivo pelo qual uma oferta religiosa como essa encontra tanta aceitabilidade social? O que os fiéis estariam buscando encontrar na RCC? O que representa, aos fiéis participantes de tal movimento, a oferta religiosa da saúde através de milagres em uma cultura cuja racionalidade e desenvolvimento científico disponibiliza respostas a muitas das questões levantadas?

Na perspectiva de Paula Montero (1994), o que mais deixa perplexo o observador da cena brasileira é o fato de que as religiões que mais cresceram nos últimos vinte anos têm um caráter acentuadamente mágico. Para a referida autora, a magia, com a "onipotência" que caracteriza seu modo de intervenção na sociedade e na natureza, aparece como um terrível sintoma de que a modernidade brasileira efetivamente fracassou. Com a expansão da magia, o pensamento religioso brasileiro parece dar um passo atrás e revelar que ainda não fomos capazes de entrar de modo eficiente e duradouro na verdadeira Modernidade. Essa impressão pode estar fundada na certeza da incompatibilidade entre pensamento mágico e racional.

Nesse sentido, que papel desempenha a complexa interação entre a crença no milagre e a permanência da busca da medicina formal para os membros da RCC? Em resposta, entendemos que, embora a racionalização seja uma das características da cultura atual, a RCC apresenta-se como um dos movimentos sociorreligiosos que mais se destacam no campo religioso brasileiro e, particularmente, no seio da Igreja Católica. A crença na cura através do milagre e a manutenção da racionalidade, expressa pela confiança na medicina formal, são elementos, aparentemente, antagônicos, constituintes desse movimento. Seria a aliança entre esses dois elementos o segredo do êxito da RCC na atualidade? O que significa, para os sujeitos, encontrar em uma mesma oferta religiosa esses dois elementos?

Buscaremos essas, entre outras respostas, no desenvolvimento deste livro, amparados por uma pesquisa de campo, cuja discussão sociológica da religião nos possibilitou identificar a RCC como elemento congregador (por conta de seu caráter paradoxal) entre religião e medicina, fé e razão, além da sua função terapêutica. Para tanto, buscaremos aqui analisar e apresentar a experiência do milagre situado no ritual da Renovação Carismática Católica do grupo de oração "Sagrados Estigmas", da Paróquia Santo Expedito e Sagrados Estigmas, localizada no setor América, em Goiânia (GO). Trata-se, portanto, de uma pesquisa empírica de caráter qualitativo com trabalho de campo, cujo cenário investigativo é a RCC, com 7 (sete) participantes do grupo de oração "Sagrados Estigmas", que tem um conjunto de aproximadamente 70 membros-participantes.

Foram utilizados, em nosso trabalho de campo, dois métodos investigativos (Becker, 1993): a observação participante e a aplicação de dois questionários. Tratando-se de uma pesquisa descritiva, buscamos fazer, a partir das informações contidas nos dados coletados através de questionário, a descrição das características do grupo de oração "Sagrados Estigmas" e seus respectivos fenômenos (curas milagrosas), conforme apresentados pelas entrevistadas.

No primeiro momento, ou seja, na observação participante, antes de distribuirmos os questionários, procuramos participar de 5 (cinco) encontros do grupo de oração "Sagrados Estigmas", sendo que, nos primeiros dois, foram distribuídos os questionários de pesquisa ao final da reunião do grupo e seu preenchimento foi realizado em casa somente por aquelas pessoas que avaliaram ter participado de uma cura milagrosa neste grupo. Ao todo, foram distribuídos mais de 25 (vinte e cinco) questionários, embora só obtivemos o retorno de 15, dos quais selecionamos somente aqueles que, de acordo com nossa análise, eram identificáveis como cura milagrosa, ou seja, cura de uma doença, até então, incurável pela medicina convencional.

A idade das nossas 7 (sete) entrevistadas encontra-se entre a faixa dos 32 aos 54 anos. São elas: (1) Diane, 32 anos, solteira; (2) Hilda, 52 anos, divorciada; (3) Camile, 46 anos, solteira; (4) Isidore, 42 anos, casada; (5) Katrina, 47 anos, casada; (6) Rita, 33 anos, casada; e (7) Wilma, 54 anos, viúva. Todas elas alegaram que, em um dado momento, já experimentaram um milagre em sua vida.[6] Elas responderam às seguintes perguntas:

- Já experimentou um milagre em sua vida?
- O milagre que você experimentou é considerado incurável pela medicina?
- Qual o milagre?
- Procurou um médico?
- Obteve a cura com o auxílio da medicina? Por quê? Por que procurou a RCC?
- Quem você atribui como causador da doença em sua vida?

---

6 Conforme o Comitê de Ética, mantemos, no anonimato os nomes de nossas entrevistadas, apresentadas no terceiro capítulo. Por isso, resolvemos chamá-las por nomes de tornados mais comuns ocorridos nos Estados Unidos.

- O milagre ocorreu onde? Em que momento? Como?
- Descreva como era sua vida antes e após o milagre.
- A experiência do milagre causou-lhe qual sensação?
- Quais foram os resultados em sua vida pessoal e social?
- O que significa o milagre para você?
- Em sua opinião, quem pode resolver os problemas de doenças consideradas incuráveis?

Quanto à metodologia, em consonância à nossa proposta, buscaremos fazer um breve histórico da relação entre religião e medicina, destacando como tal relação se insere em um campo maior: o das complexas relações entre fé e razão.

Desde os seus primórdios, as religiões desenvolveram a tarefa terapêutica associada a sua missão. Buscaremos, no primeiro capítulo, abordar a relação histórica amistosa entre a medicina, que nasce da religião, mas, com o passar do tempo, se distancia, estabelecendo sua hegemonia no campo dos saberes no que tange às temáticas de saúde/doença. Entretanto, no mundo contemporâneo, percebemos certa diluição dos limites entre ambas. Entendemos que, na Modernidade ou Pós-modernidade, todos os valores que outrora pareciam seguros, se perderam. Nesse contexto, religião e medicina ou fé e razão se reencontram, reaproximam e entrecruzam em uma época em que surgem variados tipos de doenças incuráveis. No segundo capítulo apresentaremos a Renovação Carismática Católica como um campo que, na atualidade, representa a possibilidade de convergência entre os dois polos que, historicamente, se opunham na construção e na gestão de saberes sobre saúde/doença: a religião e a medicina. Para demonstrar tal fenômeno, apresentamos um breve histórico do movimento da RCC, desde seu surgimento nos Estados Unidos e no Brasil como um Movimento Pentecostal Católico (MPC). No terceiro capítulo, analisaremos, mais detalhadamente, o questionário que apresenta o evento das curas milagrosas, situando-as no grupo de oração "Sagrados Estigmas", em Goiânia. O objetivo desse capítulo é demonstrar que o paciente-fiel busca a cura na RCC quando percebe que o tratamento convencional não poderá, por si só, trazer-lhe as respostas necessárias de cura e libertação do câncer que pode levá-lo à morte. Buscamos apresentar a RCC como um espaço convergente no qual é possível conciliar religião e medicina na busca pela saúde, oportunizando ao paciente-fiel um encontro com o sagrado/profano, a partir das situações anômalas de doenças cancerígenas.

Nossa intenção com este livro é contribuir com o instigante debate sobre a relação entre religião e medicina, fé e razão, principalmente no aspecto em que tais temas se tocam na experiência concreta da vida cotidiana de pessoas que, em seus momentos de dores e sofrimentos, buscam, na oferta de cura do Movimento de Renovação Carismática Católica, o milagre que as faz se sentirem melhor.

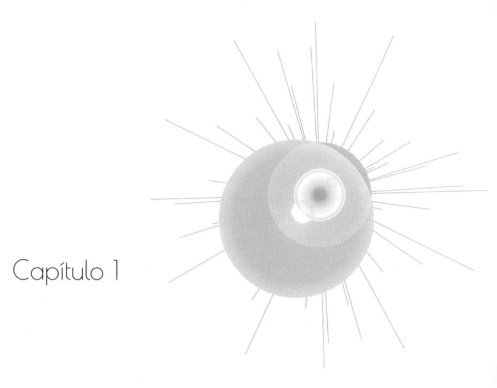

Capítulo 1

1 - Medicina e religião: o debate entre fé e razão

Historicamente, o homem, no intuito de superar suas necessidades, sempre buscou (amparado muitas vezes pela fé, outras pela razão) desvendar os profundos segredos que o circundam. A razão o auxilia quando ele, metodicamente, busca descobrir esses mistérios, enquanto a fé, emocionalmente, o ampara quando não consegue mais obter respostas tão precisas no mundo concreto em que vive, marcado pela cultura e concepções acerca de suas experiências de dor, sofrimento e doenças. Desse modo, a religião busca, a partir de seu compêndio teológico, curar a doença, ela também dá explicação e justificação àquelas doenças cuja cura não fora possível. A medicina, por sua vez, busca descrever a doença em termos objetivos para tentar decodificá-la e diagnosticá-la, meramente, em seu aspecto orgânico. No entanto, ao declarar que uma pessoa está doente, o médico, em seu prognóstico, "faz um julgamento que transcende seu estado orgânico e que, repercutindo sua identidade, lhe determina um lugar na sociedade" (Adam; Herzlich, 2001, p. 12).

Desde a sua origem (1946), a constituição da Organização Mundial de Saúde (OMS) define o estado de boa saúde como "um pré-requisito para gozar dos direitos humanos fundamentais". Para a OMS, a saúde não pode ser simplesmente a ausência de doenças ou quaisquer enfermidades, mas resume-se como "um estado de completo bem-estar físico, mental e social" (OMS, 2001, pp. 13-28).

Por essa razão, buscamos definir religião como um sistema cultural, conforme a visão de Geertz (1989a, p. 103):

(1) um sistema de símbolos que atua para (2) estabelecer poderosas, penetrantes e duradouras disposições e motivações nos homens através da (3) formulação de conceitos de uma ordem de existência geral e (4) vestindo essas concepções com tal aura de fatualidade que (5) as disposições e motivações parecem singularmente realistas.

A medicina (*latim ars medicina*, "a arte da cura") tradicional "refere-se a práticas, abordagens e conhecimentos – incorporando conceitos materiais e espirituais –, técnicas e exercícios, aplicados isoladamente ou combinados, a indivíduos ou a coletividades, de maneira a tratar, diagnosticar e prevenir doenças, ou visando manter o bem-estar"[7].

Nesse sentido, por mais que vivamos no mundo das grandes descobertas, onde operam as novas tecnologias, cujo objetivo corrobora significativamente para o desenvolvimento do saber humano, antigas e modernas angústias continuam e requerem de nós novas explicações. E a ciência médica, nesse caso específico, ainda não tem e nem detém todas as respostas e soluções dos conflitos modernos. Se, por esse lado, não temos todas as explicações, o ser humano, emergido muitas vezes em seus dramas concretos, busca, por outro

---

7   De acordo com a Organização Mundial da Saúde, a medicina tradicional é definida como a combinação total de conhecimentos e práticas usadas no diagnóstico, prevenção e eliminação das doenças físicas, mentais ou sociais e que assenta, sobretudo, em observações e experiências passadas, transmitidas de geração em geração. A medicina tradicional é a primeira fonte de cuidados de saúde para cerca de 80% da população nos países em desenvolvimento (Who, 2009).

lado, na religião,[8] o conhecimento que a fé possui do transcendente, cuja expressão máxima exprime-se na sua experiência, noções, nos predicados do saber teológico, essenciais em um objeto inefável que existe, exclusivamente, no universo religioso. De fato, a religião, nos tempos modernos, continua a exercer seu papel principal, qual seja, fornecer nomia[9] às angústias do ser humano. E, nesse caso em questão, busca a partir de suas práticas espirituais, estabelecer um diálogo com a medicina.

Na verdade sempre houve, na história das religiões cristãs, a forte relação entre religião e saúde no tratamento das doenças (Achterberg, 1996). Entretanto, tal relação tem incomodado a medicina, uma vez que se considera superior – por conta do direito adquirido e em nome da primazia da ciência –, a detentora legítima dos saberes sobre saúde/doença. Segundo o pensamento de Botelho (1991, p. 178):

> A medicina está envolvida em profundos laços de competição com a religião há milhares de anos [...] (porque) Ambas procuraram espaços para validar suas práticas em áreas contíguas das relações sociais. É muito difícil saber onde começa uma e termina a outra. Contudo, é possível identificar na história das religiões dois grandes processos, envolvendo as manifestações religiosas e o conhecimento médico historicamente acumulado.

---

8 Neste capítulo, buscamos definir religião como um sistema cultural, conforme a visão de Geertz (1989a, p. 103): "(1) um sistema de símbolos que atua para (2) estabelecer poderosas, penetrantes e duradouras disposições e motivações nos homens através da (3) formulação de conceitos de uma ordem de existência geral e (4) vestindo essas concepções com tal aura de fatualidade que (5) as disposições e motivações parecem singularmente realistas".

9 O termo "anomia" foi originalmente conceituado por Durkheim, e reutilizado por Berger, como ausência das regras sociais, isto é, ausência que significa não compreensão, ou melhor, o não cumprimento de regras sociais. Em seu sentido contrário, isto é, "nomia" indica, por sua vez, presença, compreensão ou cumprimento de regras sociais, mas também, situações de controle, segurança e estabilidade emocionais, enquanto os fenômenos anômicos estão diretamente ligados ao sofrimento, mal, morte etc. que devem ser superados e explicados pela religião em termos de nomos estabelecidos na sociedade em questão. Desse modo, a religião, segundo Malinowski, "ajuda as pessoas a suportarem 'situações de pressão emocional', 'abrindo fugas' a tais situações e a tais impasses que nenhum outro caminho empírico abriria, exceto através do ritual e da crença no domínio do sobrenatural" (apud Geertz, 1989a, p. 118).

De acordo com Botelho (1991, p. 179), na busca pela compreensão da saúde e da doença, a medicina passou por três grandes estágios:

> O primeiro deles foi efetivado em torno do século IV a.C., quando a doença foi dessacralizada com os trabalhos de Hipócrates e relacionada com a natureza vivida pelo homem. O segundo, já no século XVII, quando a micrologia de Marcelo Malpighi trouxe a doença da macroestrutura dos humores do corpo para a microestrutura celular. O terceiro, em 1855, com o frade agostiniano Gregor Mendel, que, ao elaborar as leis da genética, reconduziu a enfermidade da microestrutura celular à ultraestrutura do núcleo celular.

Esses três estágios históricos da medicina representam apenas uma síntese do caminho percorrido pela ciência de modo geral, a fim de legitimar, enquanto forma hegemônica, o que e como a sociedade deveria organizar-se. Nos itens que seguem, apresentaremos um breve histórico da relação entre medicina e religião, como um reflexo da relação mais ampla entre a discussão de razão e fé, em suas buscas pela hegemonia.

1.1 - Na Antiguidade: mais fé que razão

Afirmam Cadwell (1998) e Nestler (2002) que as antigas civilizações orientais desenvolveram uma medicina natural que tem como fundamento a relação harmônica entre o Homem e a Natureza. Embora a filosofia da medicina natural aparentemente tenha se originado na Grécia, ela se evidencia anterior a Hipócrates. A Grécia recebeu conhecimentos da Índia antiga, uma vez que existia considerável intercâmbio cultural entre esses povos.

Para os referidos autores, há cerca de 6000 anos, na Índia, desenvolveu-se a medicina mais antiga de que se tem notícia, a *ayurvedica*, que consiste em um sistema complexo de cuidados com a saúde, envolvendo desintoxicação, dieta, exercícios físicos, uso de ervas e técnicas para aperfeiçoamento mental e emocional. Consiste mais em um estilo de vida do que em um tratamento ocasional. No entanto, a Grécia, em períodos posteriores, a partir de Hipócrates, deu grandes contribuições em relação à medicina.

Segundo Doron e Parot, antes de Hipócrates, há 2500 anos, a medicina estava mais próxima do mágico que do racional. Ele introduziu uma transformação na medicina, na Grécia, na tentativa de compreender a história da doença e o que provoca no paciente a necessidade de procurar tratamento:

> [...] originariamente, a atividade clínica (do grego klinê – leito) é a do médico que, à cabeceira do doente, examina as manifestações da doença para fazer um diagnóstico, um prognóstico e prescrever um tratamento (Doron; Parot, 1998, pp. 144-145).

Para tal propósito, o médico faria uso da observação e da entrevista.

Nessa mesma linha de pensamento, Hipócrates teve grande influência no redirecionamento da medicina como conjunto de disciplinas científicas, desvinculando-se de forças sobrenaturais. A partir da Escola de Cós, na Grécia, século V a.C., foram estabelecidos no Ocidente os princípios da medicina fundamentada no corpo, a sistematização das doenças e a clínica médica. No âmago da medicina hipocrática, está a convicção de que as doenças não são causadas por demônio ou forças sobrenaturais, mas são fenômenos naturais que podem ser cientificamente estudados e influenciados por procedimentos terapêuticos e pela judiciosa conduta de vida de cada indivíduo. Assim, a medicina devia ser exercida como uma metodologia científica, baseada nas ciências naturais, abrangendo a prevenção, o diagnóstico e a terapia (Capra, 1982).

Na mesma perspectiva de Capra, está a afirmação de Terrin de que, no passado, a medicina clássica conquistou seu espaço, relegando à função da religião apenas o *status* de salvadora. Daí em diante, a medicina passa, oficialmente, a exercer o trabalho terapêutico na sociedade. Todavia, a predominância dos conhecimentos da medicina formal não se deu de forma tranquila. Na Mesopotâmia, por exemplo, as doenças sempre foram consideradas como forças ou situações negativas. No Antigo Egito, por causa da tradição e do medo do mal, buscou-se sempre a cura através do culto da eterna juventude. Nesse contexto, cada parte do corpo correspondia ao domínio de um demônio e para cada doença havia um médico específico. No Extremo Oriente, na ordem cósmica e no poder do universo em harmonia, a doença era tratada como algo ligado a um equilíbrio das energias espirituais e cósmico-universais. Na literatura hinduísta *ayurveda*, que traz a meditação como técnica de cura e dos curandeiros chineses que buscavam a compreensão do tao (*yin* e *yang*), busca-se um perfeito equilíbrio para que o indivíduo obtenha a saúde (1998, p. 181).

Em relação à medicina romana, Resende afirma que ela desenvolveu pouco seus conhecimentos em relação ao tema em si, embora tenha acrescentado muito aos conhecimentos de anatomia e fisiologia, graças a Galeno. Na Era Medieval, a Europa estagnou-se nesse campo de conhecimento. As grandes contribuições vieram da Pérsia e dos países árabes. Surge, na Pérsia, um dos maiores nomes da medicina clínica de todos os tempos: Abu al Hussein ibn Abdallah in Sina, conhecido por Avicena (980-1037 d.C.). Segundo Rezende (2006), o Cânone é a maior obra de Avicena; ela é composta por cinco volumes e contém um grande número de histórias clínicas. Nela, encontramos descrições precisas de doenças como hidrofobia, nefrite crônica e outras. Depois da magistral obra de Avicena, a história da medicina vive uma fase de pequenos avanços no século XVII e no início do século XVIII.

No caso europeu, em que predominou a cultura religiosa judaico-cristã, a terminologia mal, mau e maldade foi representada pelos vocábulos *kakos* e *ponéros*, usados no Novo Testamento para expressar as falhas ou a inferioridade de uma coisa e o caráter eticamente negativo e religiosamente destrutivo de uma pessoa ou pensamento (Coenen; Colin, 2000, pp. 1235-1236).

O mal, sob o ponto de vista da religião, revela-se na dor e no sofrimento, isto é, na doença. Na concepção de Boncinelli, o mal é tudo aquilo que incomoda o ser humano e é capaz de provocar-lhe dor física externa (fisiológica) e interna (patológica) ou, ainda, dor psíquica e emocional (por exemplo: a perda de um ente querido etc.). Em alguns casos, o mal poderia nascer de uma dor física, ou vice-versa. Geralmente, o papel da dor é funcionar como um "arauto" dos males humanos, isto é, uma forma de aviso de que alguma coisa não se encontra bem na integridade física do organismo humano. Segundo Boncinelli (2007), se a dor é percebida como mal é porque sua ausência caracteriza a presença do bem. Afirma Terrin (1998, pp. 159-160), em consonância à concepção descrita por Boncinelli, que "os monstros e os demônios podem desencadear as doenças", ao ponto de concebê-las como uma forma de personificação do mal e da doença em um demônio como "um fato instintivo e imediato".

No mundo ocidental cristão, o cristianismo foi fortemente influenciado pelo aspecto religioso-cultural de seus inícios e herdou dos egípcios e dos babilônios a crença de que as doenças eram causadas pelos demônios. Na Mesopotâmia, por exemplo, prevaleceu a ideia de que a doença "era causada por uma série de situações negativas, na qual o pecado estava ligado à possessão demoníaca e implicava inevitavelmente doença, sofrimento e também morte". Nesse sentido, ao buscar pela saúde, o cristianismo definia a doença como "fruto dos espíritos malignos, obra do diabo, fruto do pecado, vem da possessão, remonta ao grande monstro" (Terrin, 1998, p. 157). Ainda, sob essa ótica, Birman (1997, p. 70) afirma que, na teologia cristã:

> *[...] se encontra presente [...] uma percepção do mal em que domina inteiramente o mundo e só será vencido quando Deus resolver exterminá-lo destruindo a Terra. Trata-se, portanto, do mal visto como, absoluto e o mundo visto como essencialmente definido por esse mal. É também, na tradição judaica, que podemos encontrar, em Satã, a figura que encarnaria tudo o que fosse oposto a Deus. Satã, na visão do judaísmo tardio, é aquele*

que rompe as relações entre os homens e Deus. Mas diferente da leitura referida do Apocalipse, ao homem, é suposto poder escolher livremente entre o Bem e o Mal e, nesse sentido, pode escapar do poder de Satã.

Nesse universo, as curas eram praticadas por curandeiros cujo conhecimento fazia parte da sabedoria popular/tradicional. Essa relação entre curandeiro e paciente era definida, sobretudo, como forças sobrenaturais canalizadas através do divino (Achterberg, 1996) e os terapeutas voltavam-se para os aspectos sociais e espirituais do ser humano.

No entanto, com a entrada em cena do cristianismo — cuja herança da tradição judaica se faz perceber, ao assumir a concepção de doença como causada por satã –, desenvolve-se sua tarefa terapêutica associada a sua missão de salvação. Etimologicamente, os termos saúde e salvação nasceram de um mesmo conceito, mantendo, por muito tempo, o mesmo significado (*svastha*, sânscrito) de bem-estar, de plenitude. Assume, mais tarde, a forma de nórdico *heill* e deriva-se na língua anglo-saxônica em *heil, whole, hall*, significando integridade e plenitude (Terrin, 1998, p. 154).

Em consonância a essas definições, percebemos, no latim, que o termo *salus* indica salvador, salvação, enquanto que, na língua hebraica, o termo equivalente usado é *shalom* (paz), ao passo que, na língua egípcia, é *snb*, indicando, respectivamente, bem-estar físico, vida/saúde, integridade física e espiritual. Nesse sentido, o mal-estar físico, isto é, a doença é tudo aquilo que não promove a integridade humana. Daí, situações conflitivas e anômicas são encaradas como mal, entendidas até mesmo como processo de demonização.

Por essa razão, a concepção de saúde/doença, ao ser relacionada à religião, adquire a concepção dualista de corpo e alma herdada da filosofia grega até o surgimento do Renascimento, de onde "toda a filosofia religiosa e humanista teve de ceder lugar à prepotência dos tecnocratas do corpo humano e, em geral, ao positivismo da pesquisa científica que logo mostrou sua raiz antirreligiosa, na medida em que se fazia defensor de um saber 'objetivo' e 'indutivo' ". De acordo com Terrin (1998, pp. 179-180, 202), no homem revela-se, a depender da doença, seus aspectos psicológicos, sociológicos e espirituais subjetivos e, muitas vezes, resultantes de determinado ambiente ou de um contexto social específico.

Na Idade Média, os representantes cristãos da medicina oficial e empírica restringiram sua abrangência aos cuidados bíblicos da caridade. No século XII, quando apareceram as universidades e, consequentemente, a formação de "médicos reconhecidos pela ideologia dominante, sob a guarda da Igreja, foi iniciada uma luta feroz dos agentes oficiais da saúde para conquistar a credibilidade junto à população desassistida". Por outro lado:

> Os médicos formados nas universidades medievais perceberam, imediatamente, a força histórica dos curadores populares junto ao povo e trataram de reacender o antigo conflito de competência, associando os agentes da cura empíricos aos demônios impostos pelo cristianismo. As vítimas da injúria dirigida foram os benzedores, parteiras, comadres, padres e sangradores [...] condenados em nome desse conflito de competência (Botelho, 1991, p. 101).

No início do século XIV, a arte de curar deixa de estar sob a responsabilidade dos leigos (padres, curandeiros, parteiras, magos) e passa, desde então, a ser influenciada pela Escola Médica de Salerno. Amparados por leis, os médicos organizavam-se em corporações para defender seus direitos regidos pelos estatutos rígidos, cujos textos afirmavam que ninguém poderia exercer a profissão médica sem, antes de tudo, ter domínio científico dos conhecimentos e dos estudos indispensáveis para o exercício da profissão (Castiglioni, 1947).

O destaque dado ao campo das relações entre religião e medicina na busca pela definição dos significados da saúde/doença no período Pré-moderno, – principalmente nas regiões onde, culturalmente, predominava a tradição judaico-cristã –, estava centrado, em exclusivo, na ênfase que se deu às forças mágicas (mal, demônios) como causadoras das mais diversas doenças. Nessa relação de poder, os profissionais que se destacam na resolução desses males são os curadores e os sacerdotes. Há, todavia, principalmente no Oriente, mas também no Ocidente, a presença das descobertas da medicina formal que já se fazia presente e entrava em conflito com a concepção e cuidado religiosos acerca da saúde. Essa rivalidade, por sua vez, vai ficando cada vez mais acentuada nos períodos posteriores, principalmente no Renascimento, quando o embate entre fé e razão foi mais acirrado.

1.2 - No Renascimento: a razão briga com a fé

Não propomos aqui reconstruir toda a trajetória de relações entre medicina e religião, mas apenas situar que tal trajetória se insere em um debate mais amplo: o da relação não amistosa entre fé e razão. Vamos nos ater aqui ao período que, a nosso ver, deixou muitas marcas na forma como compreendemos a relação entre religião e medicina na atualidade. Por esse motivo, embora tenhamos consciência de que o debate entre fé e razão já vinha acontecendo desde a entrada em cena da filosofia grega, como podemos ver a partir do pensamento de Hipócrates acerca da medicina, vamos nos ater ao período em que tal debate ganha corpo, o período do Renascimento, conforme destaca Chauí (2010).

De acordo com essa autora, no período do Pré-renascimento, prevaleciam as seguintes instituições: papa, imperador, direito romano, direito canônico, relações sociais determinadas pela hierarquia da vassalagem entre os nobres e pela clara divisão entre senhores e servos. As relações econômicas eram definidas pela posse da terra e pela agricultura e pastoreio, com o artesanato urbano apenas subsidiário para o pequeno comércio dos burgos.

Desde o século VIII, época de Carlos Magno, a ordenação da sociedade era feita a partir da ideia de cristandade central, de modo que o mundo era entendido a partir de um centro religioso (o papado) e um centro teórico (geocentrismo, aristotelismo tomista, mundo hierárquico de seres e de ideias), um centro político (o Sacro Império Romano-Germânico). As universidades eram confessionais, e nelas imperavam as versões cristianizadas do pensamento de Platão, Aristóteles, Plotino e dos estoicos. Os conhecimentos estavam vinculados, diretamente, à teologia, à religião e aos fenômenos naturais, e eram explicados por seus vínculos com a contínua intervenção divina e submetidos aos dogmas cristãos. O saber era contemplativo, fundamentado na visão teocêntrica (Deus como centro, princípio, meio e fim do real). Predominava a crença na unidade da fé cristã, dos dogmas e cerimônias, e, sobretudo, da autoridade religiosa, tendo como centro a autoridade papal (inclusive o Papa teria sido investido por Deus do direito de ungir e coroar reis e imperadores) e episcopal que legitimavam somente a alguns do clero a leitura e interpretação dos Livros Sagrados.

Na visão de Chauí (2010), a reforma protestante questionou essa situação, enquanto a contrarreforma católica, cuja expressão mais alta e mais eficaz será a Companhia de Jesus, define um novo quadro para a vida intelectual. Por um lado, ao fazer frente à escolaridade protestante, os jesuítas (mas não somente eles) enfatizam a ação pedagógico-educativa e, por outro lado, enfatizam o direito divino dos reis, fortalecendo a tendência dos novos estados nacionais à monarquia absoluta de direito divino.

Para Chauí (2010, pp. 2-3):

> *É no quadro da contrarreforma, como renovação do catolicismo, para combate ao protestantismo, que a inquisição toma novo impulso e se durante a Idade Média, os alvos privilegiados do inquisidor eram as feiticeiras e os magos, além das heterodoxias tidas como heresias, agora o alvo privilegiado do Santo Ofício serão os sábios: Giordano Bruno é queimado como herege, Galileu é interrogado e censurado pelo Santo Ofício, as obras dos filósofos e cientistas católicos do século XVII passam primeiro pelo Santo Ofício antes de receberem o direito à publicação e as obras dos pensadores protestantes são, sumariamente, colocadas no índex*

das obras de leitura proibida. A contrarreforma realizará, do lado católico, o mesmo que a reforma triunfante, do lado protestante: o controle da atividade intelectual que o Renascimento liberara e que cultivara como liberdade de pensamento e de expressão.

Desse modo, muitos historiadores da filosofia se habituaram a designar o Renascimento como um período de transição para a Modernidade ou a ruptura inicial face ao saber medieval que preparou o advento da filosofia moderna.

Nessa perspectiva, o Renascimento apresentaria duas características principais: por um lado, evidencia um momento de grandes conflitos intelectuais e políticos (entre platônicos e aristotélicos, entre humanistas ateus e humanistas cristãos, entre Igreja e Estado, entre academias leigas e universidades religiosas, entre concepções geocêntricas e heliocêntricas etc.); e, por outro lado, um momento de indefinição teórica, porque os renascentistas não haviam ainda encontrado modos de pensar, conceitos e discussões que pusessem fim ou abandonassem, definitivamente, o terreno das polêmicas medievais. O Renascimento teria sido época de grande efervescência intelectual e artística, de grande paixão pelas novas descobertas relativas à Natureza e ao Homem, de redescobertas do saber greco-romano liberado da crosta interpretativa com que o cristianismo medieval o recobrira, de desejo de demolir tudo quanto viera do passado, desejo favorecido tanto pela chamada devoção moderna (tentativa de reformar a religião católica romana sem romper com a autoridade papal) quanto pela reforma protestante e pelas guerras de religião, que abalaram a ideia de unidade europeia como unidade político-religiosa e abriram as portas para o surgimento dos estados territoriais modernos.

Com efeito, a indefinição e os conflitos teriam feito da Renascença um período de crise. Em primeiro lugar, crise da consciência, pois a descoberta do universo infinito por homens como Giordano Bruno deixava os seres humanos sem referência e sem centro. Em segundo lugar, crise religiosa, pois tanto a devoção moderna quanto a reforma protestante criaram uma infinidade de tendências, seitas, igrejas e interpretações da Sagrada Escritura, dos dogmas e dos sacramentos.

É nesse contexto, marcado pela crise da consciência e pela crise religiosa, que Foucault (2004) situa o nascimento da clínica e, com ela, um importante passo ao avanço da racionalidade moderna. Esse aspecto será aprofundado a seguir.

1.3 – Na Modernidade: a razão empurra a fé

O filósofo francês Michel Foucault, em seu livro *Nascimento da clínica* (2004), considera o fim do século XVIII e o início do XIX como a época em que despontou a clínica médica. Todavia, conforme afirma Resende (2006) seria mais apropriado falar em crescimento, em lugar de nascimento, levando em consideração que o método clínico já existia desde Hipócrates. Mesmo assim, o século XIX foi, sem dúvida, o século em que a clínica médica teve seu período áureo, enriquecendo a medicina com numerosas descobertas, fruto de observações cuidadosas e da instrumentalização do médico.

Para Foucault (2004), na França, entre os séculos XVIII e XIX, a mudança de paradigmas decorrentes da Revolução Francesa e outros fatores, como a necessidade de estudo das epidemias e o nascimento da Sociedade Real de Medicina, contribuiriam para o fortalecimento da medicina como campo do saber, também criterioso e cada vez mais baseado na cientificidade.

Entendemos que a conjuntura em que se deu o nascimento da clínica, conforme descrito por Foucault, apresenta-se, na sequência dos eventos que vinham ocorrendo desde o Renascimento, período em que, como descreve Chauí, encontramos muitos elementos definidores da vida intelectual. Entre esses elementos, destaca Chauí (2010, p. 3):

> *O surgimento de academias laicas e livres; as discussões sobre as relações entre fé e razão, formando clérigos e teólogos encarregados da defesa das ideias eclesiásticas; as academias redescobrem outras fontes do pensamento antigo, se interessam pela elaboração de conhecimentos que incentivam as ciências e as artes (primeiro, o classicismo e, depois da contrarreforma, o maneirismo); segundo a preferência pelas discussões em torno da clara separação entre fé e razão, natureza e religião, política e Igreja.*

Segundo Foucault, é nesse contexto que a medicina moderna vai ganhando corpo. Para ele, no período da pré-revolução francesa, o médico era visto como aquele que possuía o olhar privilegiado. Esse olhar seria dotado de saber, capaz de discernir o tipo de patologia e conduzir ao possível tratamento. O respeito ao médico, até então, era como o respeito a um religioso, isto é, alguém que exercesse a mesma função atribuída a um curandeiro. Todavia, não lhe eram outorgados poderes místicos, mas os do olhar e do conhecimento científico das doenças. Foucault (2004) chega a citar que, naquela época, o conhecimento da doença era como uma bússola para o médico. Sem o conhecimento clínico, não seria, portanto, possível identificar o problema que permaneceria, então, sem tratamento. Por essa razão, os médicos, embasados em seus estudos e em suas pesquisas sobre endemias e constituição, ricos no saber e dotados de poder, estariam no mesmo nível que os clérigos. De modo que os primeiros ficaram responsáveis pela alma, e os últimos, pelo corpo.

Na perspectiva de Foucault, a nova medicina do século XIX situa a bipolaridade entre o normal e o patológico. Antes, o médico concentrava-se na saúde do paciente como um todo, verificava se estava sentindo-se bem. No entanto, depois da revolução francesa, o médico especialista passa a tratar os pacientes, a partir dos conceitos de normalidade e patologia. Assim, o médico adquiriu *status* de magistrado, vigilante da moral e da saúde pública. O hospital tornara-se um local para os doentes sem família e para os enfermos contagiosos ou portadores de patologias complexas ou desconhecidas, adquirindo características de uma indispensável medida de contenção.

Foucault (2004) afirma que desde essa constatação o discurso médico é construído em um campo de atuação e de produção científica em relação a um complexo conjunto de fatores sociais, políticos, econômicos, tecnológicos e pedagógicos. Nesse contexto, constroem-se as relações discursivas que "fabricam" a doença e seu tratamento. Dessa maneira, o discurso médico recebe uma ordenação estabelecida pelos critérios de cientificidade e fundamenta as práticas que organizam a medicina moderna. O corpo torna-se, assim, motivo de controle disciplinar e tecnológico.

Ademais, a Modernidade, segundo Foucault (2004, p. 302), mais especificamente no século XIX, instaurou o poder sobre o homem como ser vivo, e, nesse processo, a medicina teve papel preponderante. Denominado de biopoder, poder sobre a vida, definido pelo autor, como um "[...] poder que se incumbiu tanto do corpo como da vida, ou que se incumbiu, se vocês preferirem, da vida em geral, com o polo do corpo e o da população".

Em pleno século XX, a medicina, de acordo com Moreira, alia os conhecimentos acumulados às novas tecnologias, instrumentos que, por sua vez, revolucionam a prática médica. O incremento dos dispositivos diagnósticos, a abundância de tratamentos sofisticados e o elevado nível de especificidade médica conduzem à seguinte premissa: quanto maior a complexidade, maior a necessidade de especializar-se. Para os referidos autores, nesse período, do século XX:

> A clínica médica se perde entre inúmeras fragmentações e ainda delega ao paciente a decisão sobre qual especialista buscar. É como se a clínica estivesse se abstendo do leito, do debruçar-se sobre, uma vez que o paciente, a partir de seu sintoma, avalia a quem deve recorrer. O acamado passa a depender de um outro que o faça, já que não é mais o médico quem vai até o paciente, mas é este quem vai até o médico (Moreira et al., 2010, p. 9).

É durante o século XX, que predominará, entre os cientistas e intelectuais, influenciados pelo meio acadêmico, a ideia de religião como um efeito negativo ao funcionamento psicológico do indivíduo. Esse pensamento, sem nenhuma base epistemológica, mas a partir de teorias e opiniões pessoais, predominou esse período. As reflexões freudianas acerca da religião evidenciam, em duas de suas obras, o pensamento da época. Na verdade, Freud valeu do mesmo processo dialético de Marx quando buscou explicar os conflitos sociais de sua época, a partir de uma postura antirreligiosa. Em seu livro *O futuro de uma ilusão*, Freud busca, sob o enfoque da psicanálise, desfazer a ilusão de religião, uma vez que a ciência psicanalítica é " 'um método de pesquisa, um instrumento imparcial, tal como o cálculo infinitesimal' [...] uma vez que 'a aplicação do método psicanalítico torna possível encontrar um argumento contra as verdades da religião, *tant pis* (tanto pior) para a religião' " (Pagorato, 2008, p. 33) e ainda: era ilusão buscar em outros saberes aquilo que a ciência não podia responder. Apesar de alguns psiquiatras, a exemplo de Carl Gustav Jung, demonstrarem uma visão positiva da religiosidade, a maioria defendia que a solução adequada para problemas emocionais era desfazer-se de quaisquer práticas religiosas, pois mais saudáveis as pessoas seriam se fossem menos religiosas. "No entanto, essas enfáticas declarações acerca da espiritualidade e religiosidade em saúde mental não eram baseadas em estudos bem controlados, mas somente em experiência clínica e opinião pessoal" (Stroppa; Moreira--Almeida, 2008, p. 2).

De acordo com Stroppa e Moreira-Almeida (2008, p. 2), até o final dos anos 1980, "o psicólogo Albert Ellis, fundador da terapia racional emotiva, que teve uma grande influência sobre a terapia cognitiva, apontava a religiosidade como equivalente ao pensamento irracional e ao distúrbio emocional". Segundo esse psicólogo, baseado em suas experiências clínicas e opinião pessoal, a solução mais adequada para a resolução de problemas emocionais era não ser religioso, pois quanto menos religioso, mais emocionalmente saudável o indivíduo seria. A história da construção da ciência médica em contraposição aos conhecimentos religiosos sobre saúde/doença nos dá uma ideia do percurso feito pela ciência em geral em seu processo de se tornar hegemônica e predominar ao ponto de chegar a ser reconhecida como a principal característica da Modernidade. Constrói-se, desse modo, aquilo que Weber chamou de desencantamento do mundo. De fato, a medicina científica moderna é, determinantemente, marcada pelo empirismo, pela especialização do papel do médico e pela busca de um saber racional sofisticado. Todavia, não se trata, necessariamente, de uma oposição absoluta em relação à religião porque todas as sociedades tradicionais incluem elementos empíricos. Podemos notar também, na medicina ocidental, elementos remanescentes de aspectos religiosos. Tanto é válida essa afirmação que o próprio termo da palavra "profissão" (do latim *professio*), referindo-se ao exercício da medicina tem origem latina e significa: "aquele que afirma sua fé e emite os votos ao assumir o estado eclesiástico ou monacal" (Adam; Herzlich, 2001, p. 33).

Sobre a racionalidade e seus correlatos, Weber (1982, p. 180; 1999, pp. 15-16) afirma que o desencantamento do mundo caracteriza-se por uma retirada da vida pública dos valores essenciais e mais sublimes. Dessa forma, o homem moderno está destinado a viver em uma época desencantada, "sem deuses nem profetas". O desencantamento do mundo veio pela mão da racionalização crescente das relações sociais no contexto do capitalismo. Ele arrancou da existência dos homens os deuses e demônios que em tempos passados foram presenças vivas e atuantes. Em sua definição: "A racionalidade é a reflexão sobre os objetivos a serem atingidos, os meios adequados para atingi-los e as consequências da ação. A irracionalidade é a não reflexão. Nesse caso a ação se realiza sob o domínio dos deuses, das forças da natureza, das emoções instintivas e da tradição". O significado prático dessa racionalização, segundo Weber (1982, p. 165), é a concepção de que, se desejarmos, podemos descobrir, a qualquer momento, um maior conhecimento geral das condições em que vivemos. Isso significa que, no essencial, não intervêm forças misteriosas incalculáveis, mas que, a princípio, podemos controlar todas as coisas mediante o cálculo. Essa situação supõe um desencantamento do mundo. Significa dizer que já não é necessário recorrer a meios mágicos, a fim de dominar ou implorar os espíritos, como fazia o selvagem, para quem existiam tais poderes misteriosos. Com efeito, os meios técnicos e os cálculos cumprem essa função.

No propósito de melhor entender esses espaços, teríamos que acrescentar à tese weberiana de racionalização outras categorias apresentadas pelo autor, como a da religião mágica, por exemplo, contrapondo-se a de religião ética que caracteriza a racionalidade. Para Weber, magia é a arte ou ciência oculta com que se pretende produzir sentidos ou dar significações às coisas, por meio dos ritos e palavras, isto é, pela interferência de espíritos, gênios e demônios, efeitos e fenômenos extraordinários, contrários às leis naturais. A religiosidade mágica é definida como a prática religiosa que utiliza a magia para conquistar ou coagir os deuses para que eles coloquem as leis da natureza a seu favor. A religiosidade ética é a prática religiosa baseada na crença dos deuses como guardiães da ordem jurídica, dos bons costumes, das normas e leis que regem as relações sociais, econômicas e políticas do indivíduo, vinculando-o a um cosmos de deveres que tornam seu comportamento possível. Nessa religiosidade, a transgressão das leis é vista como um sacrilégio, pois provoca o desgosto ético do deus que pôs aquelas ordens sob sua proteção especial. É uma prática religiosa mais racionalmente sistematizada do que a religiosidade mágica (1999, pp. 279-294; 1999, pp. 295-303). Na perspectiva do referido autor, a magia é considerada característica da irracionalidade e a religiosidade ética como a prática religiosa própria de uma sociedade racionalizada.

Em contrapartida, ao mencionar as concepções de autores como Mallimaci e Prandi, acerca da secularização e desencantamento do mundo, Siqueira concorda com o pensamento de Pierucci, qual seja de que a secularização se difere de desencantamento do mundo. Segundo Siqueira (2003, pp. 53-54), "a religião poderia crescer no mundo desencantado, e ele continuaria desencantado, à diferença do velho mundo – encantado –, em que nada se solucionava fora do alcance religioso. A religião estava em toda parte". Por outro lado afirma que "por maior que sejam o crescimento e a diversificação do religioso e das religiões, isso não quer dizer o fim do processo de secularização; ao contrário, o ajudaria e aceleraria".

Weber nos lembra de que o desencantamento do mundo está ligado a um processo essencialmente religioso e, consequentemente, não poderia abrir mão da secularização. Por essa razão, considera as práticas mágicas e esotéricas como produtos que satisfazem as necessidades de seus usuários que não conseguem satisfazê-las na cultura moderna de caráter racional e científico. Assim, pensar a religião na contemporaneidade, segundo esse autor, é, de certa forma, perceber a vitalidade e a criatividade religiosas do *homo religiosus*, construídas de forma laica e menos institucional como um novo modo de ser, estar e perceber-se no mundo moderno.

Pelo que acabamos de expor, podemos notar que, nos avanços dos conhecimentos modernos típicos da medicina formal, bem como na forma de sua organização e institucionalização através das clínicas, dá-se ênfase ao uso da razão instrumental. Nessa forma de pensamento, predomina a valorização da seleção dos objetivos a serem atingidos e dos melhores meios para atingi-los, conforme preconiza Weber (1999) em detrimento da crença em forças mágicas, que devem ser controladas por magos e sacerdotes. O que acontece com essa forma de pensamento com a entrada na Pós--modernidade, período em que as fronteiras entre fé e razão, bem como outras tantas fronteiras se diluem (Bauman, 2001) é o que trataremos a seguir.

1.3.1 - Medicina e religião: razão e fé buscam pontos de contato

De acordo com Botelho, a existência do objeto sagrado e a religião dominante mantêm claros níveis de conflito com a medicina. Se desde o início a religião contribui significativamente para a concepção de vida do ser humano, por outro, encontramos, nas atitudes médicas, a busca do homem pela saúde. Segundo esse autor, se levarmos em conta a "ignorância da origem das enfermidades", percebemos que essa situação contribuiu veementemente, em determinado momento da história do homem, para o processo de divinização do desconhecido, do sobrenatural. Desse modo, para Botelho (1991, pp. 17-18): "A doença e a saúde, a vida e a morte passaram gradualmente a fazer parte de um mundo exclusivo da divindade e dos seus representantes na terra, capazes de interpretar e manusear o Sagrado".

Bauman, a partir de uma perspectiva filosófica, supõe-nos que definir religião é como "substituir um inefável por outro", ou, em outras palavras, buscar o significado do "incompreensível pelo desconhecido". Para Bauman (1998, pp. 206, 209), até o momento não houve, por certo, um conceito convincente na definição de religião e, por mais que os sociólogos da religião busquem, como têm acontecido, declarar a "inclusão do inincluível", dizem que se não encontrarmos uma "definição racional" para o fenômeno "entraríamos no mundo pós-moderno mal preparados para atacar os problemas declarados fundamentais pelas descrições sociológicas das tendências históricas". Para tais respostas, define a religião como a consciência da insuficiência humana, cuja mensagem é invariável, pois se trata das coisas do "finito ao infinito", ou seja "[...] coisas que os seres humanos não podem fazer e coisas que os seres humanos podem compreender quando entregues aos seus próprios juízos e músculos, não obstante estendida pelos dispositivos que eles podem inventar usando os mesmos juízos e músculos de que foram dotados, dificilmente é afastada, algum dia, do nível da consciência; mas não muito frequentemente ela alcança esse nível".

Nesse sentido, o ser humano, por ser ontológico, busca respostas pelas "questões fundamentais" de sua existência e, assim, por estarem sozinhos, sua primeira preocupação, ao tratar das coisas dos próprios seres humanos, é tratar das coisas que ele pode tratar. Para isso, sua hipótese é de nem todas as estratégias do estar no mundo dos seres humanos devem ser fundamentalmente religiosas (isto é, fundadas em uma intuição da insuperável insuficiência e fraqueza dos poderes humanos), e que nem todas o foram, conforme nos diz a história. Em outras palavras, as preocupações do ser humano, a partir de suas habilidades humanas, resumiram-se em "tarefas 'sobre as quais se pode fazer algo' ou 'sobre as quais se pode e deve descobrir o que fazer' ". Por isso, entre essas coisas, segundo o autor, a vida eterna ficou ausente, pois, como seres humanos, suas experimentações circundaram nas tarefas que podem executar e experimentar, havendo, nesse contexto, pouca utilidade para a religião. Enfim, nenhuma preocupação em relação à transcendência desse mundo, com a escatologia, o que predominou, entretanto, um espírito antiescatológico, cujo homem possa gozar da vida em todo o prazer que ela pode lhes proporcionar, a ponto de desobedecerem quaisquer regras (Bauman, 1998, p. 212).

Segundo Bauman, a Modernidade trouxe novas preocupações: uma vez que a morte chegaria, as pessoas preocuparam-se com honra, dinheiro e poder, abolindo, assim, os pensamentos cristãos e abrandando os impactos que é a mortalidade. Esse fato tornou a morte do próximo algo parecido como um evento privado e secreto, como algo corriqueiro, inevitável e comum, o que a tornava cada vez mais descarregada de seus sentimentos fúnebres. Assim, o que era, antes, extraordinário, passou a ser, na vida moderna, um acontecimento entre outros acontecimentos ordinários da vida. Nada mais como fatos absorventes na história humana e, por isso, nada restou aos profissionais especialistas religiosos, não havendo, portanto, nada a explicar. Os problemas dos homens e mulheres pré-modernos que, segundo o autor, já continham pouca incerteza, uma incerteza ontológica, passaram, na vida moderna, com o progresso e o avanço da medicina. A morte passou a ser tratada como algo "lógico", ou melhor, "racional" (Bauman, 1998).

Em suma, é possível perceber uma forma moderna de religião, fruto da vida pós-moderna de ver o mundo, mas que revela "a insuficiência do homem e a futilidade dos sonhos de ter o destino humano sob seu controle", concebida como fundamentalismo, fenômeno contemporâneo e moderno, cuja adoção são as "reformas racionalizadoras" e os desenvolvimentos tecnológicos (Bauman, 1998, p. 226). Esses recursos têm, por sua vez, levado o homem à autossuficiência, à autoconfiança e à escolhas nunca satisfatórias que podem levá-lo a uma "certa" experiência "amarga" de liberdade. Se, por um lado, a interpretação fundamentalista da religião procura retirar a consciência de onipotência do indivíduo, responsabilidade imposta pela cultura pós-moderna; por outro, não podemos mais nos valer do senso comum que vê a religião e a medicina apenas em seu aspecto conflitivo, principalmente por conta da visão da psiquiatria predominante nos séculos XIX e XX e do embasamento histórico da Idade Média.

Sob o ponto de vista de Laplantine, há duas alternativas terapêuticas no combate à doença, cujo modelo é exorcista e adorcista. No primeiro, o agente da cura é um combatente engajado em uma verdadeira guerra contra a doença, geralmente extraída do corpo ou do espírito de seu cliente. No segundo, contrariamente ao primeiro modelo, o agente da cura se torna uma espécie de assistente que busca introduzir o doente às práticas terapêuticas (2004).

No modelo adorcista, a compreensão que se tem é que a doença deve ser interpretada como um procedimento terapêutico. O que para os ocidentais, no modelo exorcista, é considerado como mal, no modelo adorcista, se configura como bem porque, nessa concepção, a doença não é considerada como algo a ser temido, mas desejado. Com efeito, nessa interpretação: "não se deve mais afastá-la ou combatê-la, mas desejá-la e saudá-la, quando ela surge, com um nível superior de existência. O que era interpretado como patogênico é reconhecido como terapêutico". Nesse sentido, afirma Laplantine (2004, p. 187): que [...] às associações simbólicas do mal-desgraça, doença-maldição, exigindo uma medicação ou um ritual de extração, opõe-se, de maneira mais antagônica, à doença-eleição, solicitando uma ação de domesticação, iniciação, entronização, mas sempre de sacralização por acréscimo". Culturalmente, nós, no ocidente, não estamos preparados para aceitar o "modelo adorcista", cuja significação da doença é considerada como algo que não se deve combater porque ela não é vista como mal, antagônica ao bem. Primeiramente, porque vivemos na lógica descartiana que nos ensina que, desde a infância, há uma oposição serrada entre o mundo real e o imaginário, entre o verdadeiro e o falso, entre o bem e o mal, entre o normal e o patológico, permitindo, assim, o entendimento apreendido pela medicina ocidental de que "a doença é um mal absoluto que deve ser combatido por ser contrário". Essa simbologia religiosa (valores positivos da doença e negativos do mal) está carregada de significados religiosos armazenados e dramatizados nos rituais e relatados nos mitos das diversas culturas existentes. Para Laplantine (2004, p. 191):

> *Na cultura ocidental, tendenciosamente predominou a representação da doença como um intruso patogênico (micróbios), penetrado criminosamente no corpo ou no espírito de um indivíduo naturalmente sadio e representando a cura com o combate entre duas forças: a afecção, mal absoluto; o remédio, que deve substituir esse mal para fazer o doente voltar a seu estado inicial, que era o de saúde.*

Tratando-se de nossa sociedade atual, a concepção que vigora é a de que existe uma ruptura do equilíbrio, isto é, uma desordem[10]

---

10 Nessa nova configuração, na qual predomina o individualismo extremo, impera sobre os indivíduos uma espécie de "desordem", de desequilíbrio, ou seja, situações conflitivas caóticas, fazendo com que o ser humano sinta-se desgarrado, isolado, desconectado de quaisquer certezas ou objetivos estáveis. Nesse mundo, destaca-se, pois, o individualismo extremo e, consequentemente, as oportunidades de violência, distanciando cada vez mais da comunidade ideal (Bauman, 2001).

biológica, psicológica ou social entre o bem e o mal, entre a doença e cura. No entanto, no modelo adorcismo absoluto, apresentado por Laplantine, essa desordem é considerada benéfica e o rito, em vez de buscar o equilíbrio do sistema perturbador, acaba, enfim, aceitando-o, legitimando-o socialmente.

Desse modo, o Sagrado, enquanto elemento significador da doença e da saúde, não é mais concebido como o "horror à podridão e à fascinação pelo braseiro", mas somente como "a fascinação pelo braseiro" de sorte que ele deixa de ser são e maldito, ou, ainda, puro e poluído. Sublime e abjeto, mas totalmente são, puro e sublime. Seguindo esse raciocínio, as culturas do adorcismo relativo[11] somente retêm a qualquer custo o *fascinans*, isto é, aquilo que fascina, que exalta, que enriquece e que se torna preciso acrescentar "ao indivíduo exatamente compreendido em sua experiência da doença" (2004, p. 189).

De acordo com Laplantine (2004, p. 191), o adorcismo relativo tem seu fundamento em duas proposições:

> A ambivalência fundamental da doença (que não é mais apreendida como sempre e necessariamente negativa) e da saúde (que está longe de ser sempre e necessariamente positiva): a função terapêutica devolvida ao doente, considerado ele próprio como o agente principal da cura enquanto o terapeuta é antes um 'barqueiro' que ajuda o doente a evoluir de um estado a outro.

Essa atitude terapêutica, característica da religião, isto é, da fé, não implica, necessariamente, mais em "fazer guerra" à doença como era entendida anteriormente, mas de domesticá-la e compreendê-la não simplesmente como coisa, mas como sentido.

No mundo contemporâneo, a relação entre religiosidade e saúde busca, sob o ponto de vista epidemiológico, testar e avaliar como crenças, comportamentos religiosos se relacionam ou interferem na saúde, assim como em outros aspectos da vida do indivíduo, a

---

11 Por adorcismo, aqui designamos uma atitude terapêutica que, sem se falar propriamente de uma "antimedicina" com relação à nossa medicina ou de uma "antipsiquiatria" no sentido restrito, não é menos radicalmente diferente com relação à tendência que triunfou no Ocidente que representa a doença como um intruso patogênico (micróbios) (Laplantine, 2004, pp. 190-191).

exemplo da saúde física e mental. Nesse sentido, segundo os trabalhos de Weaver e Koening, desenvolvidos entre os anos 2001 e 2005, demonstram que há uma "conexão positiva entre envolvimento religioso e saúde física e mental, além de bem-estar social, qualidade de vida, atitudes e comportamentos saudáveis. Crenças religiosas influenciam também decisões médicas como indicação de quimioterapia, 'estados de não ressuscitação' e cuidados no final da vida. [...] Por essa razão, médicos devem ter ciência dos principais avanços do conhecimento nessa área" (Stroppa; Moreira-Almeida, 2008; Weaver; Koening, 2006, pp. 73-78). Por outro lado, crenças e atividades exageradas, a exemplo da proibição de vacinas, de medicamentos, tratamentos cirúrgicos, transfusões de sangue, ou a ênfase em casamentos endogâmicos.

Stroppa e Moreira-Almeida apresentam-nos quatro questões essenciais para a investigação que os profissionais de saúde poderiam identificar em seus pacientes, a fim de que possam lidar adequadamente com tais sentimentos e comportamentos, e proporcionar melhores resultados no tratamento médico-hospitalar, quais sejam:

1. O paciente tem alguma forma de religiosidade ou espiritualidade? Qual a importância que o paciente atribui a esses aspectos da vida?
2. O paciente usa a religião ou a espiritualidade para ajudá-lo a lidar com sua doença ou essas fontes de estresse?
3. Pertence a uma comunidade religiosa? Caso afirmativo, ela tem sido fonte de apoio ou de conflitos?
4. Tem alguma crença espiritual que possa influenciar nos cuidados médicos? Apresenta algum conflito ou questão espiritual que o preocupa? Tem alguém com quem conversar sobre esses tópicos? (ex.: um padre ou um pastor) (2008, p. 8).

Sob o ponto de vista do fenômeno religioso, "o Sagrado manifesta-se sempre como uma realidade inteiramente diferente das realidades 'naturais' ", principalmente porque ele, o Sagrado, ao se manifestar, mostra-se "como algo absolutamente diferente do profano" (Otto, 1985, p. 17). Daí, o termo hierofania como manifestações das realidades sagradas, indicando-nos que "algo de sagrado nos é revelado". Para o homem ocidental moderno, diferentemente do homem das sociedades arcaicas, tem maior aproximação e abertura ao Sagrado, torna-se até mesmo desagradável qualquer tentativa de compreensão da manifestação do Sagrado, pois profano e sagrado opõem-se entre o real e irreal. São, na verdade, dois modos de ser no mundo.

Ao contrário, para os "primitivos", o Sagrado equivale ao poder e, ao mesmo tempo, tem valores de realidade, perenidade e eficácia. O *homo religiosus,* por sua vez, busca insistentemente por manter-se o máximo de tempo em seu universo sagrado, seja o templo, a casa, a natureza, os utensílios, ou a consagração de sua própria vida, enquanto para o homem arreligioso, esses elementos não têm tanta significação.

Na verdade, "os modos de ser sagrado e profano dependem das diferentes posições que o homem conquistou no cosmos e, consequentemente, interessam não só ao filósofo, mas também a todo investigador desejoso de conhecer as dimensões possíveis da existência humana" (Otto, 1985, p. 20).

Não há homogeneidade espacial para o homem religioso; há porções de espaço qualitativamente diferentes de outras, mas a hierofania revela um "ponto fixo" absoluto, um "Centro". Por outro lado, para o homem profano, o espaço é homogêneo e neutro, e diferencia-se da experiência do espaço sagrado, pois ele recusa a sacralidade do mundo adjetivado como profano. Entretanto, até o mundo profano não se encontra em estado de não contaminação pelo mundo sagrado. No primeiro, o homem que opta por uma vida totalmente profana ou dessacralizada não está livre de aspectos e comportamento religiosos, pois carrega consigo traços de uma valorização religiosa.

Há, por certo, um limiar entre esses dois mundos, o sagrado e profano ou, em nosso caso, saúde e doença que funciona como um limite e que os separam distinguindo-os, ao mesmo tempo, onde ambos se comunicam; lugar definido como "passagem do mundo profano para o mundo sagrado". Dentro do recinto sagrado, seja a Igreja, o terreiro, ou a própria intimidade do corpo humano, o ser religioso pode comunicar-se com seus deuses, ele pode transcender. Esses lugares certamente funcionam como "uma porta para o alto"; o lugar por onde o Sagrado pode manifestar-se, descer à terra e transcender o mundo profano. Nesse sentido, todo espaço sagrado é o *locus* propício para uma hierofania, indicado como um sinal de sacralidade do lugar, ao passo que, "quando não se manifesta sinal algum nas imediações o homem provoca-o, e pratica, por exemplo, uma espécie de *evocatio* com ajuda de animais" (Otto, 1985, pp. 29-31).

Podemos caracterizar as sociedades tradicionais partindo da oposição que se faz entre seu território, o qual chamamos de cosmos, o nosso mundo, e o território desconhecido, mais propriamente chamado de caos, uma espécie de outro mundo, um espaço caótico, de demônios e de almas.

A perspectiva dessas sociedades é a transformação do caos em cosmos, isto é, da doença em saúde, imitando o ato divino da criação, que se repete, pois "tudo o que não é 'o nosso mundo' não é ainda um 'mundo'" (Otto, p. 35). Por isso, a preocupação do *homo religiosus* é, no processo de criação e recriação do mundo, o ato da consagração do território ora instalado. Quando se consagra um determinado objeto ou um território que, outrora já fora habitado por outros povos que, possivelmente, adoravam outros deuses, trata-se de transformar o caos em cosmos, uma repetição da cosmogonia.

Assim, ao deparar-se com o nosso mundo, o homem religioso encara-o como um lugar santo porque, a partir dele, pode-se atingir o céu. O lugar central, marcado pelo simbolismo do centro, é, pois, o nosso mundo, um lugar alto, de onde se pode atingir com maior propriedade o céu. Este lugar, o cosmos, é muitas vezes caracterizado a depender das crenças, por montanhas, templos, a Cidade Santa, casas, pelo próprio corpo do homem etc., e passa a ser um elo de ligação entre os dois universos: Céu e a Terra. Enfim, toda hierofania ou consagração de um determinado espaço tem repercussão cosmológica e, por isso, torna-se uma cosmogonia, uma vez que "o mundo deixa-se perceber como mundo, como cosmos, à medida que se revela como mundo sagrado" (Otto, 1985, p. 59).

Segundo Laplantine, é o próprio ser humano, isto é, seu temperamento, sua organização funcional, que é o gerador de uma doença não mais apreendida como calamidade a ser eliminada, mas como um processo de compensação e adaptação a ser encorajado, uma vez que esse estágio anuncia um novo equilíbrio. Segundo essa visão, o poder de cura da natureza resulta do fato de a doença ser caracterizada como "uma crise anunciadora de um processo de reequilíbrio terapêutico". Seguindo essa linha de raciocínio, podemos dizer que "a medicina só pode consistir em uma imitação da natureza, uma vez que ela é medicinal; é preciso aprender a ouvi-la e não procurar contrariá-la (como no pensamento antinaturalista); [...] e vai ainda mais longe, pois devota uma verdadeira veneração à vida e às suas 'substâncias naturais' que são, para ele, dotadas de uma 'alma' ". Nesse sentido, é a "natureza que prova a conservação da saúde e que é preciso ver as próprias doenças como defesas "naturais" com finalidade terapêutica, não cessa de se aprofundar nos séculos XVII e XVIII e, por essa época, culmina no tema do médico de si mesmo" (2004, pp. 231-232).

Esse modelo terapêutico torna-se, no século XIX, um verdadeiro fenômeno social (embora marginalizado pela medicina oficial e dominante) destinado, exclusivamente, às camadas populares desprovidas de médicos. Esses mecanismos de defesa e de cura espontânea se desenvolveram mais na psicologia, referindo-se a certo instinto ou confiança existentes no corpo humano capaz de suplantar as experiências desafiadoras da morte e da doença, e, por fim, indicar o que nos é saudável. "Essa confiança no poder terapêutico da natureza é acompanhada em Proust, bem como na maioria dos autores que estudamos, por um ceticismo a uma hostilidade com relação à quimioterapia intensiva, incapaz de dar um fim às suas crises de asma" (Laplantine, 2004, p. 234).

A medicina clássica ocidental apresenta-se aos enfermos como aquela que ordena, prescreve, certifica, promete e ameaça, provocando, desse modo, a angústia de todos que se dão conta de que não obedecem aos comportamentos-padrão que garante a saúde e a longevidade, e alimenta o terror do que é visto como flagelo dominante de nossa sociedade, a exemplo do câncer. Aliás, a medicina é análoga à religião porque exerce um poder absoluto e, a partir de suas normas intrínsecas, "pode medir a ignorância, recompensar a obediência, punir a transgressão, lutar contra o 'charlatanismo' (ou seja, as medicinas não oficiais) e intervir permanentemente em domínios cada vez mais extensos da vida cotidiana de cada um de nós [...]" (Laplantine, 2004, pp. 237-238). Nesse sentido, assim se expressa Botelho (1991, p. 87): Os conflitos de competência entre os agentes da cura, que utilizavam a orientação da ideologia dominante, e os que ficavam à margem dela, já deveriam ser importantes para justificar a perseguição implacável aos que ousavam tratar os doentes sem a devida permissão. Os que desobedeciam às ordens eram sempre identificados como os antiDeus, além de provocar profundas alterações na prática da medicina emanada da graça Dele.

De acordo com esse autor:

> Com a guarda do conhecimento assegurada pelo seu representante (aqui pode ser considerado qualquer nome, do sacerdote, médico-feiticeiro, feiticeiro, xamã, curandeiro, chefe ou qualquer outro), a reprodução desse conhecimento elaborado foi impulsionada pela necessidade de interpor uma utilidade social. [...] O mais antigo representante do sagrado atuou – como agente modificador de uma situação vivida –, legitimando a posição intermediária entre o sagrado e o profano, e formando arquétipos que se reproduziram nos mitos que retornam eternamente às origens, permanecendo na luta do homem pela vida e para entender seu significado (Botelho, 1991, p. 28).

Laplantine nos apresenta dois casos exemplares do estudo das relações possíveis entre a doença e o Sagrado, a medicina e a religião, a saúde e a salvação. No primeiro, as situações terapêuticas religiosas e médicas estão estreitamente ligadas, semelhantes a alguns acontecimentos das práticas utilizadas na medicina popular: "o conjunto dos ritos de proteção, as peregrinações e as 'viagens' aos santos curandeiros,[12] o recurso aos *panseurs* de secretos detentores de fórmulas em que entram o Diabo e Deus, mobilizam significados explicitamente religiosos". No segundo, totalmente inverso ao primeiro caso:

> *a função médica, desligada da função religiosa, assume uma autonomia relativa e, depois, total com relação a essa última, tornando-se uma prática específica e especializada. A eventual dimensão religiosa (da medicina), seja sob forma residual, seja sob uma nova forma, não é absolutamente percebida pela sociedade, tanto da parte dos que são curados quanto da parte dos que curam, os quais afirmam que são apenas praticantes de uma ciência neutra e objetiva, e nada mais* (Laplantine, 2004, pp. 214-215).

Na visão desse autor, a maioria dos etnólogos[13], conhecedores das terapias tradicionais apresentam, de forma dualista a exemplo dos médicos, dois campos do conhecimentos, conforme ilustraremos no quadro 1, apresentado por Laplantine:

---

12 No catolicismo popular brasileiro, dotado de conteúdo sacral e místico, o voto, que busca uma relação mais duradoura com o santo ou santa, e a promessa, que significa um comprometimento, uma relação contratual com o santo ou santa, constituem dois sentidos de peregrinação e, geralmente, estão associados a graças ou milagres pretendidos diante dos seus conflitos pessoais. O pedido de uma graça ou um milagre está frequentemente relacionado aos problemas de saúde pessoal, familiar, dificuldades afetivas e econômicas (Micheloto, 2008).

13 A etnologia é o estudo ou ciência que trata dos fatos e documentos levantados pela etnografia no âmbito da antropologia cultural e social, buscando uma apreciação analítica e comparativa das culturas.

Quadro 1: Dois campos de conhecimentos[14]

O empírico	O simbólico
a farmacopeia e as técnicas médicas	os rituais
a etiologia natural	a etiologia mágico-religiosa
o "saber especializado", a medicina erudita	o "saber comum" (proposto por A. Eplboin e por S. Senest)
o campo do biomédico	o campo do sociomédico
disease	*illness* (Fabrega)
o racional	o irracional
a doença	o mal e a desgraça
o orgânico	o psicológico e o social

Do ponto de vista da medicina, que pretensiosamente busca explicar a si mesma, podemos perceber, no quadro a seguir, que, sob o ponto de vista do modelo epistemológico, há uma sobreposição das doenças consideradas como "verdadeiras" daquelas consideradas "imaginárias" ou "falsas":

---

14 Laplantine, 2004, p. 216.

Quadro 2: Modelo epistemológico das doenças verdadeiras e imaginárias[15]

Doenças verdadeiras	Doenças imaginárias ou falsas doenças (H. Ey)
a verdadeira medicina como "ciência da natureza" e "saber objetivo" sobre o corpo, e por fim desembaraçado de sua "gangue mágico-religiosa"	"os charlatães", as explicações "arqueológicas", "sobrenaturais" e "místicas", o "infantilismo das práticas supersticiosas" (H. Ey)

Percebemos que, de um lado, encontra-se o "saber mitológico" e de outro o "objetivo". Em termos comparativos, esses dois saberes acerca das doenças (verdadeiras e/ou imaginárias) têm uma mesma concepção de doença (*sickness*), uma vez que, segundo o autor, "não existem práticas puramente 'médicas' ou puramente 'mágico-religiosas'" (Laplantine, 2004, p. 217).

Contrariamente à definição anterior, a doença-punição é definida como uma consequência necessária provocada pelo próprio indivíduo ou grupo. A exemplo das doenças cardiovasculares e o câncer, particularmente no século XIX, são consideradas como sanção que resulta diretamente da transgressão da lei ou da ordem social, na qual geralmente o indivíduo considera-se punido por negligência ou excesso, isto é, pelo mau comportamento tanto em relação às proibições religiosas quanto médicas. De acordo com Laplantine, "a doença é a consequência de uma transgressão coletiva das regras sociais, exigindo uma reparação, ou seja, uma ação de ressocialização individual da falta, e ainda menos da noção de culpa: a doença é a consequência do pecado coletivo e individual". Assim se expressa o autor: "O sujeito experimenta (ou deve experimentar) a culpabilidade com relação ao que é considerado um

---

15   *Ibid.*

castigo merecido. Dessa feita, o que é enfatizado é a relação extremamente estreita entre a imputação etiológica e a pessoa do próprio doente, e, nessa moralização da doença, o cristianismo representa sem dúvida nenhuma inovação capital" (2004, pp. 228-229).

Segundo Laplantine, se a medicina contemporânea progride é porque ela tende a despersonalizar os agentes patogênicos mágico-religiosos (divindades, gênios, feiticeiros). Isso porque a medicina descontextualiza a cultura da doença ao mesmo tempo em que oculta a "ligação do doente com sua sociedade". Todavia, o fato de "ir a Saint-Sabin"[16] nos permite captar a relação entre saúde e salvação, em uma dimensão constitutiva da doença e da própria prática médica: a relação com o social. O exemplo dos santos curadores evidenciam, no imaginário popular, a mistura dos registros mágicos e religiosos, pois "longe de ver apenas intercessores ante a vontade divina, ela os considera como operadores de milagres cuja eficácia é reforçada por meio de ritos" (Adam; Herlich, 2001, p. 33). Desse modo, com a expressão:

> *Indo a Saint-Sabin, aprendemos que a doença não pode ser reduzida à sua única dimensão anatomicofisiológica, que ela não pode ser isolada da cultura, que parte de outros ritmos de equilíbrio, que se inscreve no âmago de outras lógicas de desgraça, em suma, que ela não advém da biomedicina apenas, mas também da etnomedicina* (Laplantine, 2004, p. 225).

Stroppa e Moreira-Almeida buscam desenvolver a relação entre religiosidade, espiritualidade e saúde, a partir do termo *coping*[17] que,

---

16 "Ir a Saint-Sabin" [...] designa, ao mesmo tempo, o fato de partir em peregrinação a um dos cumes do maciço Pilat (situado ao sul do departamento do Loire), onde se efetua uma série de devoções ao protetor da região, e o fato de se consultarem os curandeiros da região – os 'reparadores' – também chamados, às vezes, de 'Saint Sabin' (São Sabino)" (Laplantine, 2004, p. 220).
17 Coping não possui uma tradução direta para a língua portuguesa, sendo traduzida por enfrentamento, apesar de não comportar, a dimensão de seu significado. Em outras palavras, "é um processo pelo qual os indivíduos procuram entender e lidar com as demandas significantes de suas vidas". Os estilos de *coping* religioso e espiritual são classificados em positivos e negativos, apesar de que evidências consideram o uso maior de *coping* positivo para diferentes situações estressantes da vida e melhor saúde mental, ou seja, menos depressão e melhor qualidade de vida (Stroppa; Moreira-Almeida, 2008, p. 3).

de acordo com a psicologia da religião, é definido como "um conjunto de estratégias utilizadas por uma pessoa para se adaptar a circunstâncias de vida adversas ou estressantes" ou, como "uma busca por significado em tempos de estresse" que a tradição religiosa ocidental desenvolveu, dando ênfase ao relacionamento pessoal com Deus e com o próximo. Conforme evidenciaremos nas respostas de nossas entrevistadas no capítulo 3: "Essas relações, podem ter importantes consequências sobre a saúde mental, especialmente com respeito ao enfrentamento de circunstâncias difíceis de vida que acompanham a doença e suas limitações". Desse modo, percebemos que as crenças e as práticas religiosas tendem a reduzir, significativamente, sensações de desamparo, perda de autocontrole que, geralmente, acompanham as doenças físicas e, por fim, essas últimas. Por isso, "a relação com Deus pode oferecer uma visão de mundo que proporciona socorro e sentido ao sofrimento e a doença. Pessoas enfermas podem colocar suas habilidades a serviço da comunidade proporcionando-lhes um sentido para a vida" (2008, p. 3).

Conforme nos apresenta Laplantine, há dois outros modelos interpretativos da experiência religiosa: a saber, a doença-maldição e a doença-sanção. Na primeira variante interpretativa, percebida nas sociedades mais tradicionais, a doença é reconhecida como resultado de uma vingança gratuita, isto é, um acidente que ocorre por acaso, pelo destino, pela fatalidade, contra a qual nada se pode fazer. Nesse modelo interpretativo: O doente (ou todo o grupo) vive então o que lhe acontece com um escândalo e uma injustiça. Considerando-se uma vítima que padece pelo que não provocou, ele proclama sua inocência e indignação. Ele (a exemplo de Jó, embora não tenha vivido a experiência do pecado, sofre da maldição divina que se abateu sobre ele) se interroga, não compreende e grita o que já tivemos algum dia a ocasião de ouvir: "O que é que eu fiz para o bom Deus?" (2004, p. 227).

Ademais, podemos identificar aqui dois casos. No primeiro, a doença, a exemplo da explicação moderna do câncer (bastante repetida nos testemunhos dos indivíduos envolvidos em nossa pesquisa) "é atribuída à onipotência da natureza considerada 'má' ". Nesse caso, "a doença era a causa determinante da morte, e deixava clara a inevitabilidade do fim da vida só poderia ser um fruto da ação maléfica do antiDeus" (Botelho, 1991, p. 83).

Na segunda variante, isto é, a doença-sanção, a doença é caracterizada como "expressão de uma relação distendida entre o indivíduo e a sociedade apreendida como 'má'. Dessa forma, a desgraça é vista com um 'mal-estar' da civilização, expressa principalmente na crença em uma divindade maldosa (natureza hostil, divindade impiedosa demônio liberto) como na tragédia grega" (Laplantine, 2004, p. 227).

Na RCC, em particular, por mais que a doença seja personificada como mal, ela ganha novos significados, principalmente quando alguns pacientes-fiéis ou fiéis-pacientes não conseguem a cura através dos recursos científicos ou espirituais. A doença (assim como o sofrimento que, geralmente, a acompanha) assume, nesse caso, novos significados, tais como, processo de purificação ou preparação da alma seja para a cura *hic et nunc* ou ao encontro definitivo com o Sagrado, em um lugar, onde não haverá mais doenças, dores e sofrimento.

Ao referir-se aos processos etiológico-terapêuticos e à questão do porquê da doença, isto é, "como fiquei" e "como vou me curar", Laplantine assegura-nos que são as diferentes respostas a essas perguntas que fazem surgir "a relação estreita entre a saúde e salvação" e, consequentemente, uma nova visão acerca do "problema das relações possíveis entre o indivíduo doente e a sociedade". De um lado, há a distinção do "objeto que se origina na antropologia médica e do outro o que se originaria na antropologia religiosa". De acordo com o autor: "Se nos colocamos do ponto de vista da antropologia religiosa, o culto de Saint-Sabin é uma cerimônia religiosa de dimensão terapêutica. Mas, se nos colocarmos do ponto de vista da antropologia médica, trata-se de uma terapia popular que se exprime através de um discurso religioso" (2004, pp. 213-214).

De fato, todo fenômeno, segundo o autor, seja ele religioso, participante de uma peregrinação, de um rito específico em comum ou de proteção individual, seja ele um médico, a exemplo de uma intervenção cirúrgica, é, necessariamente, sempre um fenômeno social total. A nosso ver, o discurso médico traz consigo o discurso religioso e vice-versa porque essa associação nos permite enxergar a medicina religada novamente à religiosidade[18] do homem, seja no nascimento, na puberdade, na passagem da saúde para a doença, da vida para a morte, pois essas situações concretas determinam mudanças no homem e nas pessoas a ele ligadas.

Nesse sentido, podemos inferir que também o universo religioso da RCC apresenta-se como um espaço onde é possível perceber (ainda que timidamente) uma reaproximação dos elementos da fé (crença da cura através de milagres) e razão (medicina formal), isto é, da religião e medicina. Nessas duas instâncias, aparentemente antagônicas, mas estreitamente ligadas por sua trajetória histórica, a doença deve ser combatida por processos etiológico-terapêuticos cuja interpretação está ligada à questão do seu sentido e do seu porquê.

No estudo da medicina popular, em que a doença é vista, particularmente, como uma desgraça social e a saúde como a obtenção da salvação, os curandeiros tradicionais são investidos de tamanho poder, muitas vezes, superior àquele creditado aos médicos. Esses, por sua vez, por conta da intervenção médica, buscam oferecer uma explicação experimental dos mecanismos químico-biológicos da morbidez e dos meios eficazes para controlá-los. No caso das medicinas populares, associam uma resposta integral a uma série de insatisfações (não apenas somáticas, mas psicológicas, sociais, espirituais para alguns, e existenciais para todos) que o racionalismo social não se mostra, sem dúvida, disposto a eliminar. O que "constitui o sucesso

---

18 A religiosidade pode ser compreendida, conforme nos conceitua Stroppa e Moreira-Almeida, como intrínseca ou extrínseca. A primeira, religiosidade intrínseca, está associada à personalidade e ao estado mental saudáveis, em que as pessoas têm, na religião, seu bem maior, enquanto as demais necessidades são vistas com menor importância, mas colocadas, na medida do possível, em harmonia com sua orientação e crença religiosa. A segunda, religiosidade extrínseca, a religião é vista como um meio utilizado para obter outros fins ou interesses, tais como consolo, sociabilidade, *status* e autoabsolvição, de modo que quando um indivíduo abraça uma crença, ele o faz na tentativa de apoio ou obtenção de necessidades mais primárias (2008).

e a perenidade dessas terapias (e que nos permite também perceber mais nitidamente o que é negado pela medicina erudita) é o fato de o indivíduo doente jamais chegar a se conformar com a questão do porquê (por que me encontro nesse estado e por que eu?) de sua doença". Na verdade, a medicina popular é compreendida como reveladora da relação entre a religião e a medicina, uma vez que, segundo o autor, "a religião popular e a medicina popular são uma única coisa", principalmente quando se leva em consideração o duplo fenômeno (aspecto mágico-religioso e o aspecto médico-mágico) do mesmo fenômeno que se fundamenta em uma origem similar. Para tanto, o autor exemplifica esse fenômeno com a história de São Sabino, curandeiro que se origina dentro de uma "mesma perspectiva de resistência ou mudança social" (Laplantine, 2004, pp. 220-223).

De acordo com Foucault (2004), o "saber histórico" sobre a doença apresenta-se como fenômeno que se constitui como instrumento necessário ao entendimento da enfermidade. Um exemplo disso, é o processo inflamatório que passa a ser definido simplesmente através de um olhar mais atento às condições de calor, rubor ou tumor perceptíveis no paciente sem, todavia, importar-se, necessariamente, com sua relação temporal. De acordo com o pensamento de Foucault (*apud* Telles *et al.*, 1993, p. 310):

> *Este* saber histórico *que funda à genealogia do olhar como forma de legitimar algo que se diz, sucede no tempo o chamado* saber filosófico, *que descrevia a enfermidade na ordem das causalidades. [...] Não é que os médicos da época Clássica tenham abandonado a noção de causalidade, mas, curiosamente, com essa nova forma de saber, o tempo passará a impor o aparecimento de novos planos de configuração e que passarão a manter entre si uma certa relação causal.*

A doença, por sua vez, é sempre considerada como sendo aquilo totalmente estranho a quem padece dela: ela é o Outro por excelência. Essa representação não se limita apenas às sociedades tradicionais ou a alguns de seus aspectos tradicionais, mas perpassa todas as culturas e todos os tempos porque o mal-doença se situa, evidentemente, ao lado da agressão exógena, bem como no não sentido, ou mais exatamente, nas significações vivenciadas como negativas. Ao tentar combater essas situações negativas da doença, medicina e religião entram em conflitos ou convergem para um mesmo fim: erradicar o mal-doença?

1.3.2. - Medicina e religião: conflitos ou convergências?

Nos dias atuais, tanto a medicina quanto a religião têm invadido reciprocamente o campo institucional da outra. Essa situação é geralmente causadora de exclusão (conflitos) ou re/aproximação (convergência) entre fé e razão. No entendimento de Botelho (1991), essa aproximação, muitas vezes, não é tão agradável, principalmente porque a medicina tem se afastado dos princípios passivos da classificação morfológica das doenças e avançado na estrutura genética. Na atualidade, a medicina é considerada:

> um grande trem, caminhando velozmente em direção aos laboratórios de estudo do genoma humano, sendo as enfermidades conduzidas para a intimidade da estrutura atômica. [...] Onde a saúde e a doença começam a ser colocadas em posição antagônica da simetria temporal, sendo impossível saber com precisão o momento em que determinado átomo de uma molécula do corpo sofre modificação, capaz de ocasionar a patologia (Botelho, 1991, p. 172).

De modo particular, como religião dominante, a Igreja Católica estabeleceu limites de competências com a medicina, não permitindo interferência humana no curso natural do processo gestacional, seja para interrompê-lo por meios abortivos ou para provocá-lo por meios de inseminação artificial. Atualmente, porém, o avanço da genética apresenta-se como o principal foco do atual conflito de competência da religião e medicina.

Por outro lado, apesar desse atual conflito, torna-se indispensável o repensar da teoria e da prática da medicina nesse contexto relacional, levando em conta seu conflito histórico de competência com a religião. Percebemos que a medicina, ainda que não oficialmente, tem buscado e incentivado invocações de crenças e exercícios de fé no tratamento das doenças; a religião, por sua vez, também não tem desprezado o tratamento médico, mas, pelo contrário, tem se aliado a ele no combate às doenças incuráveis. Segundo Botelho (1991, p. 180):

> *a Modernidade mostrou e demonstrou que a redução da vida a fenômenos isolados não é suficiente para a compreensão da condição humana, seja na saúde, seja na doença, porque, de acordo com ele, existem eixos direcionais, vindos da estrutura do poder maior, interessados em manter aquecidos os conflitos de competência da medicina com a religião, com o objetivo de tornar pouco claras as reais ligações históricas entre ambas.*

Como vimos anteriormente, a ligação entre cura e religião estaria presente em certas práticas médicas, como a medicina popular, que mobilizam significados explicitamente religiosos. Nesse grupo de práticas, a interpretação religiosa não só está presente, mas é, aliás, reivindicada pelos próprios atores sociais (Laplantine, 2004, p. 214).

Foucault (2004) afirma que a medicina só se tornou científica quando passou a ocupar-se com pesquisas empíricas, afastando-se do teórico-especulativo. Segundo ele, a medicina rejeitou as atitudes predominantes da teoria, da sistemática e da filosofia da Idade Clássica e ganhou certa objetividade que garante sua eficácia e originalidade.

No contexto atual, em que as patologias são reduzidas a fenômenos moleculares no propósito de explicação da vida e a medicina oficial é amparada pelo aparelho médico-hospitalar, a medicina, por si só, não consegue ser suficiente para a compreensão da condição da vida humana, seja em relação à saúde ou à doença.

No intuito de verificar a relação entre medicina formal e religião na significação da saúde/doença, Benson e Stark desenvolvem a tese de que há, nos pacientes, uma tendência em voltar às crenças e à fé em situações de doença e aflição. As pesquisas do doutor Benson são frutos de um longo trabalho de trinta anos e revelam que a invocação de crenças na medicina não é apenas emocional e espiritualmente confortante, mas de fundamental importância para a resolução da saúde física (Benson; Stark, 1998).

Em suas pesquisas, observemos que o autor, auxiliado por Stark, apresenta em forma de relato a fisiologia e a experiência humanas, mais especificamente pelo estudo da mente e do coração, no campo científico da medicina mente/corpo. Nessas pesquisas, foram aplicadas mensurações objetivas a fim de provar questões totalmente subjetivas e dados empíricos para a elaboração de conclusões sobre as coisas intangíveis. Nesse sentido, o autor defende a ideia de que precisamos abarcar o cuidado pessoal para otimizar a medicina, a saúde e o bem-estar. Nesse caso, saúde e bem-estar podem ser maximizados com a aplicação equilibrada de farmacêutica, cirurgias e procedimentos e do cuidado pessoal.

Seu método utilizado é chamado de "resposta de relaxamento", ou seja, um estado em que cai a pressão sanguínea e diminuem tanto os batimentos cardíacos do indivíduo, quanto o ritmo de respiração e as taxas metabólicas. Segundo o autor, "a resposta de relaxamento produz benefícios a longo prazo, tanto para a saúde especificamente quanto para o bem-estar geral, e pode ser atingida com uma simples mentalização ou por meio de técnicas de meditação" (Benson; Stark, 1998, p. 3). Desse modo, o corpo (músculos) se beneficia quando é exercitado, mas também o interior, isto é, o âmago humano composto de crenças, valores, pensamentos e sentimentos.

Esse "bem-estar evocado" é conhecido pela comunidade científica como "efeito placebo". Ele é peculiarmente misterioso e existe há séculos e sua influência é considerada positiva sobre o corpo. Entretanto, apesar dos médicos reconhecerem esse fenômeno, não proclamam sua eficácia ou exploram suas aplicações terapêuticas. Em cada ocorrência de bem-estar evocado, o catalisador é a crença. Ela pode ser um composto de experiências individuais do paciente ou do médico e é instalada no indivíduo quando se percebe sentimentos como confiança e esperança estabelecidos nas consultas entre ambos. Assim, a fé, o desejo e a expectativa de que aquilo que desejamos acontecerá ajudam nosso corpo a evocar as mensagens e instruções associadas ao que almejamos.

Ao buscar pela cura, o indivíduo remete-se à crença que, por sua vez, produz confiabilidade, principalmente porque, quando elas são submetidas ao processo cognitivo de validade pela simples aceitação por parte da medicina, dos elementos de fé, isto é, crenças particulares como terapêuticas importantes no tratamento das doenças. Isso mostra como, no contexto histórico que caracteriza nossa Modernidade, não se pode simplesmente contrapor fé e razão, ou seja, religião e medicina, uma vez que as crenças, segundo Montero "em sua operacionalidade concreta, são perpassadas pela mesma lógica da racionalidade concorrencial que organiza a sociedade como um todo". Ainda, segundo Anthony Giddens, uma das peculiaridades da vida moderna é sua exigência de comportamentos sociais baseados na confiança — uma vez que ela desloca os relacionamentos sociais de seus contextos locais — a ampliação das bases sociais dos cultos mágicos passa a exigir dos adeptos o mesmo tipo de comportamento (1994, p. 75; 1991).

Montero (1994, p. 87) salienta ainda que:

> *É fazendo uso, pois, de todos os procedimentos mágicos disponíveis no campo religioso, e não os recusando, que a pessoa religiosa estará exercitando os atributos do indivíduo, ou seja, sua capacidade de se determinar por motivos cujo valor possa justificar diante de outros seres razoáveis. O caráter concorrencial do campo religioso obriga o adepto a sair do confortável lugar da doxa para buscar alianças e cristalizar consensos em torno da validade de certas proposições e práticas.*

De acordo com Benson e Stark (1998, p. 68), nosso cérebro é afetado por crenças e expectativas capazes (quando ativadas) de fazer com que o corpo responda a elas produzindo surdez ou sede, saúde ou enfermidades. Trata-se, pois, do conhecimento interior, das intuições e emoções, consideradas "mensagens do cérebro na medida em que ele interpreta as experiências diárias do corpo, tanto os desafios do ambiente físico quanto os valores, preocupações e histórias que enriquecem nossos encontros".

Segundo Benson e Stark, a medicina vem perdendo sua posição, uma vez que seu poder tem sido posto à prova. A tecnologia e a farmacêutica não conseguem dar respostas ou proteger os indivíduos dos terríveis flagelos contemporâneos. A nosso ver, a utilização de recursos políticos na administração da saúde (apesar de variar entre os países desenvolvidos e aqueles em processo de desenvolvimento) revela-se insuficiente e, por isso, incapaz de suprir as reais necessidades humanas. De modo especial, no Brasil, essa situação acaba contribuindo para o desenvolvimento e a ênfase dada às várias expressões religiosas que alimentam "a divinização da doença utilizando-a politicamente para encobrir os graves problemas de saúde pública, que fazem parte da vida dos despossuídos do Terceiro Mundo" (1998, p. 181). Então, a religião ressurge com novo vigor, com sua função terapêutica, mostrando que o homem contemporâneo ainda não encontrou todas as respostas às suas necessidades, nem mesmo a cura de todas as enfermidades.

O ressurgimento de uma prática cristã pentecostal e neopentecostal, com ênfase ao Espírito Santo e às curas milagrosas, reforça a crença de que Deus não pode mais acabar com as doenças e retardar o tributo final da morte, ou decidir quem viverá ou quem morrerá como acreditaram nossos antepassados. Ao fazermos uma retomada histórica, constatamos que a medicina teve, em outros tempos, que se apoiar no espírito humano e em outras fontes aparentemente misteriosas de milagres.

Historicamente, na medicina primitiva, havia o placebo e ele apresentava-se como intercultural, auxiliado por sacerdotes, curandeiros, feiticeiras, pajés, bruxos, bruxas, xamãs, parteiras, herbanários, médicos e cirurgiões. Esses profissionais do Sagrado valiam-se de experimentos não comprovados cientificamente, o que permitia, em tempos alhures, estreita unidade entre religião e medicina.

Esses procedimentos, envoltos em uma aura de mistério, demonstravam-se eficazes no tratamento das doenças ou enfermidades por causa do poder da crença depositada no Sagrado e em seus elementos mediadores do que no valor intrínseco dos remédios.

Nesse contexto, a compreensão das doenças e enfermidades ocorria quando o homem acreditava que perdia a proteção divina. Esse pensamento sobreviveu de outras formas até os dias de hoje, principalmente quando os médicos e hospitais revelam-se impotentes diante da morte. Com o advento do Iluminismo, surge a esperança e a busca pela cura ao invés de simplesmente cuidar das doenças. Em contrapartida, as crenças religiosas começaram a perder sua importância e o mundo ocidental compreendeu que as doenças tinham uma causa específica e não mais o estado de espírito, o humor, ou a vontade de Deus.

A medicina moderna combateu o valor da crença na ativação do bem-estar evocado e chegou a pensar que pudesse realmente curar todas as doenças com medicamentos específicos sem, contudo, invocar algum deus ou espírito. Na tentativa de afastar a ameaça constante, a medicina científica, em pleno século XX, produziu os chamados milagres como prometia a Bíblia, buscando até mesmo eliminar a constante presença da morte.

Por outro lado, ainda há algumas concepções na medicina prevalecente do final do século XIX e início do século XX de que a doença era vista como um desequilíbrio natural, uma interação de diversos fatores biológicos, comportamentais, morais, psicológicos e espirituais, capazes de incorporar, ao tentar explicar sua condição física, todos os aspectos da vida humana. Diferentemente dessas concepções, outra visão moderna da sociedade ocidental é de que ainda "esperamos tudo da medicina – milagres e 'salvações' impossíveis, balas mágicas, curas rápidas proporcionadas pela tecnologia, especialização e os altos custos que a acompanham" (Benson; Stark, 1998, p. 103).

Por outro viés, os pacientes também recorrem à confiança em si mesmos ou à técnica de concentração mental que utilizam com frequência a fé religiosa, isto é, a experiência mística de Deus comum a todos os fiéis. Essa experiência mística na vida do paciente tem a ver com "a presença de uma energia ou força que parecia próxima a eles". Em outras palavras, a expectativa do auxílio divino atua da mesma forma que a expectativa em relação a algum medicamento, procedimento ou cuidado. A crença de que "a religião ou Deus faz bem à saúde pode ser suficiente para produzir efeitos salutares. Isto é, associações significativas entre dimensões religiosas e saúde [...] podem apresentar evidências análogas ao efeito placebo" (Benson; Stark, 1998, pp. 143-144).

Esse fenômeno se evidencia nos cultos religiosos do espírito nas Igrejas Pentecostais que despertam o fervor religioso, onde há a supremacia da mente sobre a matéria e, por essa razão, evidenciam-se desmaios, convulsões, falar em línguas estranhas, segurar serpentes venenosas, caminhar sobre brasas ou sentem um clímax de Renascimento ao ver estátuas verterem sangue, ou vozes intimadas da voz de Deus, Satã ou algum santo específico. Aliás, essas experiências têm a capacidade de promover a cura fisiológica.

Na mesma direção do pensamento de Benson e Stark, Laplantine (2004, p. 238), ao avaliar a temática do médico redentor nas literaturas contemporâneas, assim se expressa: "a fé dos próprios médicos em sua 'missão', que Balint não hesita em quantificar de 'missão apostólica', o que nos levará a desviar um pouco o que foi afirmado acima, a ligação entre a medicina e o Sagrado, não é sempre necessariamente oculta ou estrategicamente negada a partir do próprio interior da medicina".

De fato, a medicina contemporânea é tão religiosa quanto as religiões porque elas não mais se contentam em anunciar a salvação após a morte, mas afirmam que a vida, o bem-estar etc. podem ser realizados em vida *hic et nunc*. A fé ou crença de que a medicina progrida e leve o ser humano à saúde absoluta, eliminando todos os gêneros das doenças, está fundamentada em uma esperança messiânica, cuja promessa assemelha-se às das grandes religiões. De acordo com Laplantine (2004, p. 241), só as religiões são suscetíveis de responder a questão da morte e, correlativamente, dar um sentido absoluto à vida – de alguma forma aí reside sua superioridade sobre as ciências biológicas e até mesmo sobre as humanas que na verdade nada têm a nos ensinar sobre a morte – enquanto que a medicina só pode responder razoavelmente quanto à vida, e o sentido que ele lhe atribui consiste apenas em "reintroduzir uma aparência de eternidade no efêmero".

Na visão de Stroppa e Moreira-Almeida (2008, p. 5):

> *crenças religiosas influenciam o modo como pessoas lidam com situações de estresse, sofrimento e problemas vitais. A religiosidade pode proporcionar à pessoa maior aceitação, firmeza e adaptação a situações difíceis de vida, gerando paz, autoconfiança e perdão, e uma imagem positiva de si mesmo. Por outro lado, dependendo do tipo e uso das crenças religiosas, pode gerar culpa, dúvida, ansiedade e depressão por aumento da autocrítica.*

De um lado, observamos uma desmistificação do progresso infinito da medicina que visualiza o indivíduo sem males, caracterizando uma sociedade perfeitamente sã. Todavia, essa utopia não descaracteriza a eminência religiosa presente na medicina da mesma forma que na religião. Se, no discurso religioso, não se percebe apenas a salvação da alma, mas o discurso da saúde, da medicina, no discurso médico, observamos a promessa de "bem-estar físico, mental e social, ou seja, de juventude, beleza, força, serenidade, felicidade e paz, em suma, de promessas de salvação comuns a todas as grandes religiões" (atribuindo ao médico adjetivos com o taumaturgo, isto é, o) "médico demiurgo que se torna semelhante a Deus e uma ameaça para a humanidade" (Laplantine, 2004, p. 243, grifos nossos).

Essa concepção apostólica da medicina mantém uma relação privilegiada com o Sagrado e constitui um prestígio social e moral atribuído ao médico, considerado um ser incomum, capaz de "realizar curas" ou "operar milagres", ou seja, exercer a "função apostólica" ou ainda "zelo apostólico", pois a cirurgia é vista como a arte sagrada e sublime de curar:

> *A missão ou função apostólica significa, de início, que cada médico tem uma ideia quase inabalável do comportamento que deve adotar um paciente quando está doente. Essa ideia possui um imenso poder e como vimos,*

> *influencia praticamente cada detalhe do trabalho do médico com seus pacientes. Tudo se passa como se todo médico possuísse o conhecimento revelado sobre se os pacientes têm ou não o direito de esperar: do que ele deve suportar e, além disso, como se tivesse o dever sagrado de converter à sua fé todos os ignorantes e todos os descrentes entre seus pacientes* (Laplantine, 2004, p. 245).

Segundo esse autor, a justificação pelas obras, na religião-medicina acontece quando qualquer paciente, que obedece fielmente às prescrições médicas (salvação por obediência à lei), encontra-se seguro de não ser punido pela doença e de evitar, em particular, esses dois castigos modernos que são o enfarte e o câncer, e de merecer a longevidade (Laplantine, 2004, p. 247), semelhantemente às boas ações da Epístola de São Tiago, cujo pensamento cristão desenvolveu a teologia da "justificação pelas obras".

Na teologia cristã, há a tentativa de explicação sobre a relação entre o comportamento humano pecaminoso e a vontade divina. Essa relação da teologia entre o homem e Deus é estabelecida pela prática da resignação, pois, ao gênero humano, não haveria possibilidade de salvação sem a graça divina. Essa dependência da benevolência da divindade faz com que o fiel entre em uma luta constante contra o "pecado original" e a "concupiscência" da carne. Sendo assim, a atração que o mundo oferece deve ser repelida através das práticas de ascetismo e uma fé devota capaz de salvar a alma em detrimento do corpo e das situações conflitivas do mundo.

Por outro lado, a justificação pela graça, isto é, da salvação desprendida das obras, assume, na contemporaneidade, a forma da necessidade genética, isto é, a ordem natural salva ou amaldiçoa os pecadores independentemente de sua obediência à lei. Na religião, essa obediência restringe-se aos termos do Velho ou do Novo Testamento, na medicina, aos termos biomédicos. Todavia, entre a compreensão da Igreja e da medicina, existe uma diferença significativa do tema da justificação pela graça porque:

enquanto na primeira, a sociedade não deve compreender o que é considerado um mistério, mas crer nele - é justamente aí que está o que há de penoso na concepção cristã, não sabemos nunca se seremos salvos ou condenados — na segunda, pelo contrário, sabemos que estamos no caminho do saber e, como consequência, de poder dominar o destino, através das manipulações genéticas e dos métodos da eugenia. O geneticista ocupa, então, lugar que tradicionalmente era assegurado não ao teólogo, e ainda menos ao sacerdote, mas à própria divindade (Laplantine, 2004, p. 249).

A combinação entre a doença-castigo, compreendida como maldição genética, e a doença-punição, compreendida como transgressão da normalidade preventiva, resulta, pois, na percepção médica contemporânea dominante, conforme as reflexões do quadro 3 abaixo:

Quadro 3: Percepção médica contemporânea[19]

Saber médico	Transgressão da lei	Boa saúde
Aquele que prodigaliza informações sob a forma de certezas, sendo normal que possa dispor de maior poder e dos maiores meios (técnicos e financeiros)	Por ignorância, imprevidência, despropósito (= inconsequência, lógica) ou por infração deliberada (= desobediência moral), mas que de qualquer forma constitui uma conduta má e uma injúria ao conhecimento, delírio, pecado **Obediência à lei** Cumprimento do dever, aceitação da medicalização	DOENÇA-SANÇÃO Condenação justificada dos suspeitos que não tenham ouvido ou que não sabiam, mas, não obstante: possibilidade de redenção pela graça e a onipotência médica (o indivíduo poderá ser salvo apesar de suas faltas) SAÚDE (=justiça) escândalo da doença ou de uma morte "imerecida" que abate vítimas inocentes

---

19 Laplantine (2004, p. 250).

A partir das reflexões esquematizadas e, de acordo com os ensinamentos cristãos, é possível conciliar uma teologia da graça (insistindo na onipotência divina e, consequentemente, no escândalo da doença) e uma teologia da liberdade (dando ênfase à responsabilidade moral do ser humano).

> *Enquanto a doença, no passado, era considerada um acidente totalmente estranho ao indivíduo, na contemporaneidade, o indivíduo que contrai a mesma doença sentir-se-á culpado de negligência, e essa doença, da mesma forma que essa culpabilidade, não será mais que justiça!* (Laplantine, 2004, p. 250).

Como informamos anteriormente, neste capítulo, tínhamos a intenção de destacar a histórica relação da luta entre religião e medicina como inserida em um contexto maior de aproximações/distanciamentos/reaproximações entre fé e razão. Como tal fenômeno fica evidente na RCC que investigamos, esse é o tema com o qual nos ocuparemos no próximo capítulo.

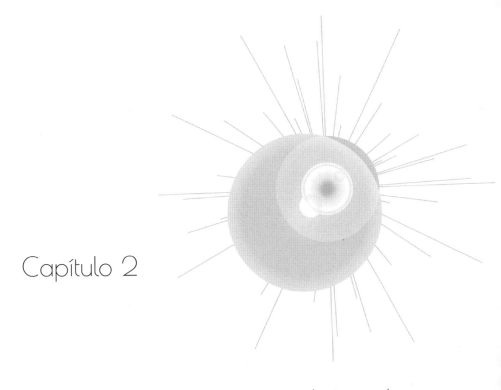

Capítulo 2

2 - RCC: convergência entre fé (milagres) e razão (medicina)

No primeiro capítulo deste livro, buscamos tratar com mais detalhe da relação histórica entre medicina e religião, tendo como pano de fundo o aspecto da razão como característica da cultura atual. Neste capítulo, buscaremos, portanto, evidenciar que a RCC se constitui como um campo em que a religião e a medicina, como elementos relacionados à fé e à razão, podem se encontrar. Essa especificidade se constitui em uma das explicações do êxito dessa oferta religiosa na atualidade, tendo em vista a relação do *homo religiosus* e o Sagrado.

2.1 - O Sagrado no mundo contemporâneo

No mundo contemporâneo, temos assistido a um aumento significativo de novas expressões religiosas. No Brasil, por exemplo, esse fato não é diferente. Além da presença da tradição pentecostal, há, paralelamente, o neopentecostalismo, ao lado de correntes esotéricas que buscam a todo o custo atender às demandas de clientes que, em seu cotidiano, estão em busca de sentido (bem-estar) às suas vidas marcadas por constantes transformações.

Na atualidade, as novas expressões religiosas presentes em nossa sociedade brasileira vêm ao encontro das necessidades das pessoas que, apesar das novas tecnologias e avanços científicos, ainda procuram no Sagrado resoluções para seus problemas conflitivos ou respostas para o significado de estar no mundo. Nesse contexto, percebe-se a ascensão de uma nova configuração de religião, denominada religiões do espírito. Tais expressões simbólicas, a exemplo das religiões do espírito, buscam, a partir de um determinado contexto conflitivo pessoal, dar sentido a acontecimentos que muitas vezes tornam-se incompreensíveis ao indivíduos, sem explicação. Em outras palavras, elas procuram orientar o indivíduo e conduzi-lo à compreensão das relações que envolvem religião e valores. Esses últimos são expressos nas relações entre *ethos* (elementos valorativos de uma cultura) e visão de mundo (aspectos cognitivos e existenciais), conforme nos aponta Geertz (1989).

De acordo com Geertz (1989), os símbolos sagrados variam muito em diferentes sociedades. Elas são capazes de fornecer outro sentido ao objeto real e formar, assim, um sistema religioso que, por sua vez, é construído pela sociedade e pela cultura nas quais as pessoas estão inseridas. Em consonância com Geertz, na perspectiva de Berger, o mundo construído pela religião é essencialmente,nominante porque é capaz de fornecer proteção ao indivíduo contra a perda de sentido, em ocasiões de estados de anomia. Desse modo, para esse autor, a religião aliena, uma vez que "alienação tem poder sobre os homens precisamente porque ela os protege dos terrores da anomia" (1985, p. 102).

Os fenômenos anômicos devem ser superados e explicados em termos de nomos estabelecidos na sociedade em questão (Berger, 1985). É, pois, a partir da experiência religiosa e das qualidades particulares do Sagrado que a alteridade gera no homem religioso projeções humanas, tais como: o temor, o terror e a adoração ao ser numinoso que transcendem o plano natural do ser humano. Essa característica do Sagrado, a de ser mistério, gerador de medo e fascinação do outro, é o motivo que conduz o crente a buscá-lo (Otto, 1985).

Havendo suspensão das relações sociais, ou seja, descontrole ou ruptura nas/das relações dialógicas com o coletivo ou consigo mesmo, como, por exemplo, nas situações ou experiências capazes de provocar dor moral (divórcio, doença e morte), o indivíduo pode perder o equilíbrio e a plausibilidade de sua vida (Berger, 1985). Nesse sentido, buscar ou voltar-se a uma religião, nos momentos críticos, de angústias, representados pelo caos, significa religar (*re-ligare*) ou reordenar ou reestabelecer a ordem desequilibrada. Isso faz com que a religião que busca a vinculação da pessoa ao divino, constitua-se em uma força terapêutica nos momentos mais críticos da história do ser humano.

Na verdade, tanto para os antigos povos quanto para os modernos, "a doença passa a ser a primeira experiência pessoal do anticosmos, do caos e da desordem" (Geertz, 1989, p. 156). Ela passa a ser, segundo Quintana (*apud* Lemos, 2002, p. 484), algo "incompreensível, ininterpretável para o ser humano". Desse modo, há uma profunda relação entre as concepções de saúde, doença e religião. Essa relação nos mostra, conforme buscamos apresentar no primeiro capítulo, que a religião sempre exerceu sua função terapêutica, pois, desde o mundo antigo, o homem encontrou na religião a saúde plena.

No âmbito da medicina, percebemos, cada vez mais, a utilização de instrumentos simbólicos da religião no auxílio aos tratamentos médicos tradicionais. Com efeito, "as relações da medicina com a religião transcenderam o tempo e chegaram a nós vivificadas tão intensamente, que fica quase impossível estabelecer onde começa uma e termina a outra" (Botelho, 1991, p. 17).

A relação de religião e medicina e vice-versa como "especialidades sociais deve, necessariamente, estar contida na representatividade delas no cotidiano do homem" (Botelho, 1991, p. 18) e tem como pano de fundo uma aproximação/reaproximação clássica entre fé e razão. Nesse sentido, surge-nos a pergunta: Como acontece essa aproximação na RCC e quais são os resultados dessa aproximação/experiência na vida do fiel? É a resposta a essa pergunta que buscaremos encontrar no item a seguir. Todavia, faremos antes um breve histórico acerca da RCC.

2.2 - Movimento de Renovação Carismática Católica (RCC)

De acordo com Machado (1996, p. 46), a RCC surgiu nos Estados Unidos, em fevereiro de 1967. Originalmente, nas dependências da Universidade de Duquesne, em um encontro de professores e acadêmicos, denominado "fim de semana de Duquesne", caracterizando-se, por essa razão, como um movimento essencialmente leigo.

Para Machado (1996), as influências do avivamento protestante ocorrido nas décadas de 1950 e 1960 fizeram com que muitos católicos fossem atraídos por determinadas expressões evangélicas, principalmente porque nelas se evidenciavam fenômenos das curas espirituais, emocionais e físicas. Aliás, é a partir da experiência com o universo espiritual protestante dos estudantes de pós-graduação da Universidade de Duquesne, a exemplo de Steve Clark e Ralph Martin,[20] líderes fundadores, que a RCC, *pari passu*, se desenvolveu. Daí em diante, seu crescimento nos Estados Unidos foi muito rápido, atingindo centenas de pessoas, no I Congresso Nacional realizado no país em 1968.

De acordo com Silva (2001), o nome Católica, qualificado à Renovação Carismática, busca, na verdade, ser uma contraposição à

---

20 Após a leitura de alguns livros espirituais protestantes (*A cruz e o punhal* e *Eles falam em outras línguas*), Steve Clark e Ralph Martin procuraram alguém que tivesse feito a experiência ou tivesse recebido o batismo no Espírito Santo. Ao entrar em um grupo de oração presbiteriano, foram batizados no Espírito Santo e, logo em seguida, em um final de semana (retiro de Duquesne) reuniram cerca de 30 jovens universitários que também receberam ali o batismo do Espírito Santo (Mansfield, 1993, p. 57).

forte ação do protestantismo pentecostal nos Estados Unidos que, de certa forma, influenciou a RCC. Segundo essa autora, os ideais carismáticos tiveram nos Estados Unidos grande aceitação porque, desde a sua colonização, a sociedade norte-americana desenvolveu práticas católicas paralelas às tradições religiosas de linhas protestantes e, posteriormente, pentecostais.

Por essa razão, o catolicismo norte-americano sobreviveu em uma conjuntura histórico-religiosa com um número maior de protestantes do que de católicos. Essa aproximação corroborou para que algumas práticas, gestos e maneiras de experimentar o Sagrado, nos exercícios dos dons de curas espirituais do universo pentecostal protestante fossem vivenciadas também no âmbito católico romano. Desse modo, a RCC deu, desde suas origens, ênfase exagerada ao emocionalismo das curas, esquecendo qualquer engajamento social e político.

Em 1974, no II Congresso Internacional da RCC, participaram cerca de 30 mil pessoas, oriundas de 35 países. Nessa época, a RCC atingia aproximadamente cerca de 800 mil adeptos, espalhados pelo mundo. De acordo com Barret e Johnson (*apud* História mundial da RCC, 2010), no quadro abaixo, a RCC, até o ano 2000, está presente em 235 países com aproximadamente 148.000 grupos de oração. No ano de 1970, eram, aproximadamente, 25 países e, em 1975, 93 países:

Quadro 3: Crescimento numérico da Renovação Carismática Católica:[21]

Tabela 1. Crescimento numérico da Renovação Carismática Católica 1967-2000									
	Participantes							
Ano	N. G.O.	Semanal	Mensal	Anual	Envolvidos	Famílias	Comunidade	Cat.
1967	2	Primeiros Grupos de Oração Carismáticos formados nos EUA						0,0
1970	2.185	238.500	500.000	1.000.000	1.600.000	2.000.000	2.000.000	0,3
1973	3.000	900.000	2.000.000	3.500.000	5.000.000	7.000.000	8.000.000	1,1
1975	4.000	1.995.730	3.000.000	6.000.000	9.000.000	11.000.000	15.000.000	2,7
1980	12.000	3.000.000	4.771.390	7.700.000	16.000.000	30.000.000	40.000.000	5,0
1985	60.000	4.200.000	7.547.050	12.000.000	22.000.000	40.100.000	63.500.000	7,3
1990	90.000	7.000.000	10.100.000	17.000.000	30.000.000	45.000.000	85.000.000	9,2
1995	127.000	11.000.000	14.000.000	20.000.000	34.000.000	60.000.000	104.900.000	10,4
2000	148.000	13.400.000	19.300.000	28.700.000	44.300.000	71.300.000	119.900.000	11,3

Historicamente, a RCC chegou ao Brasil, vinda dos Estados Unidos, em 1972, através dos padres Jesuítas Eduardo Dougherty e Haroldo Rahm (Prandi; Souza, 1996). A forte rejeição do novo movimento (carismático) pelo clero e sua não aceitação em muitas paróquias, fizeram com que muitos grupos iniciantes se reunissem em residências e realizassem ali seu culto. Afinal, a maioria dos grupos carismáticos (dos quais surgem os primeiros líderes) recusou-se a abandonar os resquícios da Igreja Católica, buscando viver nela, mesmo sob a indiferença do clero (padres e bispos), as experiências dos carismas.

Diferentemente de Prandi e Souza, Silva situa a chegada da RCC ao Brasil aproximadamente em 1969. Para a autora, o Movimento chegou ao país, em Campinas, São Paulo e, por manter características intimistas da religião e por buscar soluções particulares às pessoas, dando bastante ênfase às curas, sem preocupações com os acontecimentos político-sociais, não se debateu com o Regime Militar e, por isso, desenvolveu-se, sem maiores problemas, no contexto brasileiro (2001).

Paradoxalmente, apesar de o Movimento Carismático no Brasil ser autodenominado leigo e nascer fora dos domínios e das refle-

---
21 Fonte: <www.rccbrasil.org.br/interna.php?paginas=42>.

xões teológicas da Igreja, seus primeiros fundadores, ao contrário do que ocorreu nos Estados Unidos, são sacerdotes jesuítas vindos dos Estados Unidos empenhados na conquista e reconquista de um bom número de fiéis. Esses padres "apoiaram e ministraram cursos sobre o 'batismo no Espírito' e, dessa forma, conscientizaram os fiéis sobre os poderes do Espírito Santo e adotaram a RCC, empenhando-se na sua expansão e crescimento em vários continentes" (Silva, 2001, p. 44).

De modo especial, no Brasil, ao conquistar um grande número de novos adeptos, os líderes da RCC impuseram, *pari passu*, não pela força, ao clero brasileiro o reconhecimento do movimento, configurando-se em uma linha experimental do Sagrado, evidenciado na defesa e crença nos carismas do Espírito Santo. Desse modo, o culto carismático é caracterizado pelas dimensões de intimidade e individualidade, desprezando, assim, quaisquer projetos políticos das pastorais da CEBs (Comunidade Eclesiais de Bases) que tinham uma visão libertadora e progressista.

Os grupos de oração são considerados pelos membros da RCC como "a célula fundamental da RCC e caracterizam-se por três momentos distintos: Núcleo de Serviço, Reunião de Oração e Grupo de Perseverança". De acordo com Mariotti e Souza, segue um resumo e as definições daquilo que, internamente, denomina-se de Núcleo de Serviço, Reunião de Oração e Grupo de Perseverança:

Quadro 4: Núcleo de serviço, reunião de oração e
Grupo de Perseverança[22]

- No núcleo de serviço, os servos, responsáveis pelo grupo de oração, experimentam e testemunham o batismo no Espírito Santo. São formados nos diversos serviços: acolhimento, pregação, pastoreio, cura, intercessão, aconselhamento, formação, música, ação social, juventude, casais etc. O núcleo de serviço tem sua inspiração bíblica na comunidade apostólica do texto de Atos 2, 1-4;

---

22 Fonte: Mariotti; Souza, s/a, p. 9.

- Na reunião de oração, a multidão é evangelizada, experimenta-se a ação de Deus, testemunha os carismas e o centro do momento é o louvor e a pregação querigmática. Essa reunião é inspirada no enxerto bíblico de Atos 2, 5-41;

- No Grupo de Perseverança, geralmente há reuniões denominadas de "Seminário de Vida no Espírito" nas quais aqueles que já tiveram uma primeira experiência com o Espírito Santo são estimulados a participar para o aprimoramento na doutrina e na vida de oração. As pessoas que dele participam são chamadas a assumirem alguns serviços no grupo de oração semanal que acontece em todas as paróquias católicas. Segundo informação, esse grupo é resultado da reflexão bíblica do enxerto bíblico de Atos 2, 42-47.

Em relação à RCC do Brasil, ela se estabeleceu em distintas etapas. A primeira correspondente à fundacional, a segunda refere-se à consolidação cultural e social da RCC, com a proliferação dos padres cantores midiáticos que colocam em prática uma *performance* ritual criada pela RCC para atrair fiéis e também para evitar sua perda: "música, lazer e oração". A terceira etapa corresponde a um processo de neopentecostalização católica que se refere a "um novo desdobramento" do "desenvolvimento histórico da Renovação (Carismática Católica)", em princípios do século XXI, tendo como responsáveis para isso, dois elementos que são, respectivamente, "a proliferação da diversidade de expressões comunitárias inspiradas na *performance* carismática, denominadas de Novas Comunidades, e a opção preferencial pela cultura midiática encampada por alguns setores episcopais, do clero e de alguns leigos (Carranza, 2009, p. 34, grifos nossos)".

Segundo Cecília L. Mariz (2009), o primeiro elemento, "Novas Comunidades", "foi incorporado na linguagem da hierarquia e dos fiéis da Igreja Católica no Brasil e no exterior para se referir às várias comunidades que surgiram inspiradas pela RCC" (2009, p. 161). De acordo com Carranza (2009, p. 43), não somente essas Novas Comunidades se inspiraram na RCC, mas "bebem das mesmas fontes ideológicas (desta) ao se alinhar às demandas de totalidade espiritual de Roma, portanto, mantêm as mesmas bandeiras de defesa da moralidade católica, convertendo-se em fiéis bastiões da neocristandade".

Durante sua pesquisa sobre as novas comunidades, Mariz (2009) afirma ter se surpreendido com a rápida expansão nacional e transnacional dos grupos de oração fundados no Brasil. Machado (1996, p. 3), em seu livro sobre "Carismáticos e Pentecostais", direciona sua atenção ao "processo de conversão e adesão religiosa, e para a ruptura que esses processos provocam no estilo de vida do fiel". A autora revisita clássicos como Weber e Durkheim, "para verificar até que ponto os processos de racionalização e institucionalização da experiência religiosa, identificados respectivamente por esses autores, acarretam o desaparecimento e o declínio inexorável da religião". Para essa autora, a principal característica do campo religioso atual, onde brota e viceja a RCC, é o de uma religião totalmente desencantada pela ciência, pois "chegamos à era em que 'as diversas ordens de valores se defrontam no mundo, em luta incessante', deixando os homens sem um significado para sua existência". O fim trágico da humanidade parece ser aquilo que Weber denominou de "gaiola de ferro", cuja metáfora a autora utiliza para expressar sua opinião sobre a condição daqueles que se tornaram livres dos deuses cristãos, mas se deixaram dominar por novos deuses e demônios. "Afinal, a sociedade moderna tem suas próprias divindades e, uma vez manipulados, tais valores aprisionam aqueles que não têm consciência da impossibilidade de conciliá-los em seus pensamentos e ações" (Machado, 1996, pp. 13-19). Nesse contexto, a RCC encontra sua razão de ser, ao oferecer significados a diferentes experiências das pessoas que, no mundo contemporâneo, encontram-se sem respostas.

Com a chegada da RCC à Arquidiocese de Goiânia, depois da Conferência de Medellín, em 1968, o arcebispo Dom Fernando Gomes dos Santos, assume posições político-sociais que contrariavam uma política pró-capitalista. Nessa mesma época, surgem as primeiras Comunidades Eclesiais de Bases (CEBs) que rejeitavam a leitura fundamentalista dos carismáticos e, em contrapartida, procuravam conciliar a leitura do Evangelho à vida prática de fé, ou seja, uma vida na qual o que estava em questão era a realização dos direitos de igualdade e fraternidade cristãs na organização social.

Justamente neste ano, chega à cidade de Goiânia, a RCC, através dos encontros e palestras do Pe. Haroldo Rahm, pregador de retiros espirituais, cuja ênfase é dada aos carismas, curas milagrosas e libertação, incentivando, desde seus primórdios, o desenvolvimento da Renovação Carismática Católica (Silva, 2001, p. 45).

Após essa breve apresentação da RCC, nos perguntamos: como aparece no referido movimento o debate entre religião e medicina, vinculado ao debate fé e razão, objeto com o qual nos ocupamos neste livro? É a resposta a essa questão que visamos elucidar a seguir, quando discorremos sobre a oferta de saúde através de milagres no MRCC.

2.3 - RCC: uma oferta de saúde através de milagres

No primeiro momento, vamos buscar elucidar em que consiste, no caso da RCC, a presença da fé (crença na cura através de milagre) e da razão (aposta na medicina formal, confiança na racionalidade da ciência). Entendemos que, no caso da RCC, a crença nas curas através de milagres é um dos ângulos do debate entre o lugar da religião e da medicina na significação da saúde/doença que se apresenta como uma categoria central.

Na definição de Meier (*apud* Woodward, 2000, p. 17),:

> um milagre é um evento fora do comum ou extraordinário que é, a princípio, perceptível pelos outros, que não encontra nenhuma explicação razoável nas habilidades comuns humanas ou em outras forças conhecidas que operam no mundo do tempo e espaço, e que é o resultado de um ato especial de Deus, de deuses ou de seres humanos transformados por esforços próprios por meio de ascetismo e meditação.

Embora nos afirmemos como partícipes da cultura moderna, cuja racionalidade científica consegue fornecer explicações plausíveis para a maioria dos problemas colocados pelas pessoas, a crença em milagres não é tão rara assim. Afirma Woodward, em sua pesquisa, que "a maioria dos norte-americanos acredita que Deus continua a fazer milagres e cerca da metade diz acreditar 'definitivamente' em milagres" (Woodward, 2000, p. 361).

Para Woodward (2000, p. 362), os milagres modernos assumem a forma de testemunhos pessoais, isto é, testemunho do que Deus fez para mim. No contexto católico tradicional, o que tal santo (vivo ou morto) realizou em meu favor. Na verdade, "a maioria das histórias de milagres modernos (por ser um acontecimento particular e não público) carece da ressonância cultural, do estilo e da estrutura das histórias clássicas que encontramos na literatura das grandes religiões mundiais".

Os milagres são, na visão do fiel, respostas às orações pessoais e, por isso, tomam a forma de curas imprevisíveis porque, grosso modo, as pessoas rezam pela cura, seja para o outro ou para si própria. Em relação aos milagres, Ironi Spuldaro, agente-curador da RCC:

> os milagres continuam acontecendo, basta ter fé e render-se à vontade do Senhor... a Obra é Deus quem faz, não somos nós. Certa vez, enquanto pregava em um retiro para servos da RCC em São Paulo, pude ver com meus próprios olhos o Senhor curando uma mulher que tinha câncer na garganta. Após um momento de oração ela começou a tossir e colocou para fora dois nódulos. Todos que estavam ali perto viram e se maravilharam com o poder de Deus. Deus é fiel, Ele promete, Ele cumpre. Glória a Deus! (Spuldaro; Casagrande, 2006, p. 54).

Woodward (2000) descreve, pois, como os milagres e suas histórias atuam em determinados contextos religiosos contemporâneos e como eles têm sido experimentados e compreendidos dentro do pentecostalismo de modo geral. A nosso ver, no âmbito católico romano, a cura milagrosa começou a ter maior destaque nos encontros da RCC a partir da experiência com o Espírito Santo, cujo aspecto tem a ver com uma retomada dos dons espirituais. Desse modo, na literatura carismática, a compreensão é de que os dons de cura e milagre podem ser exercidos por qualquer fiel ou neófito que busca desenvolver, nas práticas espirituais, dos grupos de oração, os dons do Espírito Santo: "O dom dos milagres e os outros carismas relacionados com ele são meios pelos quais os cristãos comuns revelam ou manifestam a presença de Jesus no mundo [...] que o dom carismático dos milagres derrama-se sobre as pessoas comuns em um ambiente de cura [...] as orações para curar e os milagres integram nossa teologia e tradição católicas" (Woodward, 2000, p. 12).

Esse autor desenvolve a ideia de que, na experiência pentecostal, tanto católica quanto protestante, há uma democratização dos milagres. Historicamente, os líderes da reforma protestante rejeitavam a possibilidade de milagres pós-bíblicos, inclusive os da Igreja Católica através dos santos e de suas relíquias. Entretanto, os calvinistas, embora sob a ótica teológica, consideraram os milagres "providência geral" de Deus no governo do mundo e "providência especial" para com seus filhos especiais, isto é, os protestantes. Daí em diante, cresceu paulatinamente a devoção protestante popular da experiência do indivíduo com o poder de Deus e, por essa razão, a possibilidade de experiências milagrosas.

No século XVII, houve uma crescente publicação de livros que se referiam aos prodígios de Deus. Nesses escritos, ficou clara a distinção feita pelos apologistas protestantes acerca dos suspeitos milagres "sobrenaturais" reivindicados pelos católicos e os milagres "naturais", considerados atos de Deus, realizados a partir das leis da natureza e experimentados pelos protestantes devotos. Por outro lado, no século XVII e XIX, com o surgimento dos novos movimentos protestantes, houve "um esforço populista de restaurar para a América do Norte a Igreja primitiva" (Woodward, 2000, p. 367).

Esses movimentos caracterizavam-se por buscar levar o indivíduo a experimentar o poder do Sagrado, por isso, seus rituais eram caracterizados por "visões, profecias e a realização de milagres". Somente a partir do século XX, é que o movimento protestante pentecostal ganhou repercussão mundial, estimulando os fiéis a produzir e também receber milagres (públicos) através da experiência com o Espírito Santo. Na verdade, o que as religiões do espírito trazem de novo é a ideia de que a habilidade que tinham os apóstolos de curar os doentes, de profetizar sobre o futuro e repelir as forças da natureza era algo eminentemente acessível a qualquer cristão. De acordo com o autor, a cura de enfermidades espirituais e físicas está entre os dons do Espírito Santo dos quais, segundo o Novo Testamento, os primeiros cristãos desfrutaram. Desse modo, o movimento pentecostal é comprometido com a crença de que aqueles dons estão disponíveis atualmente para aqueles que experimentaram um segundo batismo do espírito (Woodward, 2000, p. 368).

Percebe-se que os milagres são inerentes às religiões e se apresentam através de "sinais e prodígios". Os prodígios são sempre espantosos, embora tenham sentido somente dentro dos limites de uma comunidade. Todavia, importa saber que "em cada caso os milagres são reconhecíveis como tal porque as histórias são interpretadas dentro de narrativas sustentadas ao longo do tempo por comunidades que compartilham memória e entendimento – isto é, por tradições" (Woodward, 2000, p. 379).

Por outro lado, no atual contexto secularizado, os milagres assumem novos significados bastante diferentes daqueles que encontramos na tradição religiosa, na qual eram vistos como sinais do poder de Deus sobre o mundo. Assim, eles assumem certo grau de independência da rigorosidade espiritual e dos regulamentos ensinados pelas tradições religiosas.

No caso da RCC, a crença no milagre se encontra profundamente articulada com a centralidade na busca da saúde de seus membros, sendo, portanto, de fundamental importância para essa expressão religiosa. Segundo Béliveau (1999), para os membros da RCC, a questão da saúde é tão importante que as celebrações, os grupos de orações, os seminários de vida e os retiros espirituais reservam o ponto alto de seus rituais para a cura e libertação das pessoas.

No universo de crenças dos membros desse grupo religioso, a concepção de cura e libertação está ligada com a concepção de salvação ou libertação do pecado. Existe uma centralidade na ideia de corpo, conforme ilustraremos no capítulo 3, como veículo do Espírito Santo. Assim, para que o Espírito Santo habite no corpo, ele precisa estar saudável, uma vez que "o corpo é o centro de toda uma série de práticas. As representações do corpo do fiel o identificam, por sua vez, conforme o objeto a curar, como o campo no qual as operações que buscam a cura se concretizam, e como o instrumento através do qual se expressa a cura, convertida já em sinal de salvação" (Béliveau, 1999, p. 27).[23]

A autora afirma que o corpo é o receptáculo das doenças (disfunções a nível físico, porém também psíquico e relacional), portanto, para conseguir o bem-estar desejado, o corpo aparece como campo das operações que buscam a cura. A luta entre o princípio do bem-saúde e o princípio do mal-doença é marcada pela representação que os atores têm do corpo do doente. O corpo se torna assim um campo de batalha no qual os ritos ocupam um lugar central. Durante o processo de obtenção da cura, as manifestações corporais são sinais exteriores que se convertem, pois, na evidência, segundo o fiel, da sua salvação e da consequente presença do Espírito Santo.

Segundo Béliveau (1999, p. 27), o princípio da cura tanto pode estar nas mãos do líder do grupo como pode ser um princípio difuso, que não se encarna em nenhuma pessoa, mas se encontra em momentos fortes dos ritos religiosos, como a oração e a "passagem do Santíssimo"[24]. Em outras palavras, a cura pode ser uma propriedade que se situa mais em um ambiente e em um tempo determinados que na pessoa do líder. Para os carismáticos, existem duas fontes da doença: as externas e as internas. Nessa interpretação, as fontes externas podem ser de origem humana ou da ação de forças

---

23 Tradução nossa.
24 É uma prática devocional e de adoração entre os católicos e, de modo especial, na RCC, da hóstia consagrada, exposta, dentro de um receptáculo (ostensório). Em algumas ocasiões de celebrações específicas e, geralmente, nos finais de celebrações de missas carismáticas, faz-se uma procissão com o Santíssimo Sacramento no meio da assembleia. Nesse momento, é comum, por parte de quem direciona a oração, o anúncio de curas e libertações entre os fiéis.

maléficas suprassensíveis. Os agentes supra-humanos que produzem o mal usam, muitas vezes, seus servidores humanos para roubar do mundo o princípio divino do bem. Nessa concepção, isso se dá através da bruxaria, da macumba, dos ritos de umbanda que são, no universo pentecostal carismático, "coisas que não são de Deus" e através das quais "Satanás está buscando almas".

As fontes internas podem ser a existência de laços familiares deficitários ou inexistentes. Por exemplo, os pais que abandonam os filhos ou os maridos infiéis. Nesse caso, a causa da doença é dupla: ao abandono se soma à falta de perdão às ofensas recebidas. Essa concepção remete ao papel que o fiel cumpre, como sujeito responsável, em seu próprio processo de cura, pois quem precisa perdoar é ele próprio: "a maior parte dos problemas que temos como seres humanos, ainda que não se reconheça, é a falta de perdão acumulada em nosso interior... Tudo o que é pecado, tudo o que é falta de perdão, sempre se manifesta em alguma doença. Então, ao poder perdoar àquilo que provocou a doença, a doença também desaparece" (Béliveau, 1999, p. 30).

No universo da RCC, quando a causa da doença é entendida como fruto da intervenção de seres supramundanos, pode ser que a forma de cura seja realizada pelo exorcismo e imposição das mãos tanto do líder como dos membros do grupo que estão reunidos em oração, a exemplo do que acontece no universo protestante pentecostal. Mas de qualquer forma, a cura exige do fiel sua conversão, seja através do perdão, do cumprimento de doutrinas e dogmas, seja através da permanência na Igreja. Com efeito, dependendo da gravidade da doença, a cura só poderá ser obtida através de milagres divinos operados, através das pessoas carismáticas, sendo elas sacerdotes ou leigos. Isso porque, no catolicismo pentecostal, o milagre é visto como "um sinal do Deus dentro de todos nós", contrários aos milagres descritos pelas narrativas dos santos do catolicismo tradicional.

Os milagres, na atualidade, tendem a admirar a divindade que é o próprio eu. Segundo Woodward (2000, p. 381), essa nova concepção de milagres "é um jeito de dizer que na privacidade da experiência individual, na qual todo o significado reside, eu passei a acreditar em mim mesmo". Na RCC, desde os seus primórdios, as curas exercem certa atração àqueles que procuram o movimento, principalmente quando não encontram na medicina alívio aos seus mais diversos males. No contexto atual da RCC, o fiel-membro que se diz convertido busca, em dois momentos simultâneos, pela cura da doença irremediável que o acometeu. No primeiro, quando procura o tratamento por meios convencionais, isto é, pela medicina. No segundo, quando o paciente-fiel alia o tratamento médico tradicional ao espiritual, isto é, à religião. Nesse sentido, a RCC, como promotora da cura, revela-se como um espaço que proporciona e favorece o contato entre religião e medicina.

De acordo com Steil, em relação às articulações entre a religião e a busca de saúde, de equilíbrio psíquico e de bem-estar pessoal nas religiões populares, as demandas por saúde geralmente se expressam na expectativa por milagres e curas muito concretas e específicas. Para Steil (2001, pp. 115-129):

> as práticas das religiões populares estão de modo geral relacionadas com questões terapêuticas que se configuram, em alguma medida, como parte de um sistema de cura. Um sistema que pode abranger tanto rituais massivos com grande ocorrência de crentes, como os santuários ou as grandes concentrações nos estádios de futebol e praças públicas, quanto procedimentos individualizados, realizados no espaço doméstico por benzedores e benzedeiras populares.

Afirma ainda Steil (2001) que a centralidade da cura recoloca o significado teológico da dialética entre sofrimento corporal e restauração do corpo que vai muito além de uma mera troca transacional de penitência humana por um favor divino. Nesse sistema religioso, tal como naquele apresentado pelas novas formas de crer, há que se ressaltar o lugar preferencial da cura, na medida em que se busca resgatar um sentido para o corpo que ultrapassa as explicações reducionistas das ciências positivas.

E, no caso da RCC, como se articulam os sistemas de crenças e a busca de saúde em contextos em que a ciência médica tem apresentado avanços significativos na oferta de saúde e de significados às doenças e à cura? Como a fé e a razão interagem no universo de tal expressão religiosa?

2.4 - RCC: negociação entre a fé e a razão

Neste item, procuramos evidenciar que a RCC busca construir seu espaço através de sua oferta religiosa centrada em formas espirituais de cura (milagres) em contexto de racionalidade, na qual a medicina formal alcança o ápice de respostas às questões relacionadas à saúde/doença.

É a partir do contexto social e político dessacralizados, no qual a tecnologia, segundo Weber (1999), construiu um mundo cuja presença da religião não se torna necessária e que surge a RCC, destacada por sua nova maneira de vivenciar e expressar a espiritualidade, em um ambiente em que religião e medicina apresentam-se, pelo menos, aparentemente, antagônicas.

Como destacamos no primeiro capítulo, uma das características da Modernidade é seu caráter racional que se infiltrou, nesses últimos tempos, nos mais recônditos âmbitos da vida cotidiana, criando um hiato entre *ratio* (experiência comprovada racionalmente) *et fides* (experiência sensível, sentimental e emocional). No entanto, apesar do processo de secularização[25] que caracteriza a sociedade moderna, não houve a diminuição da religiosidade das pessoas (Berger, 1985). Segundo o autor, podemos perceber a perda

---

25 Na perspectiva de Berger (1985), secularização significa a redução drástica da influência das igrejas em todos os setores da vida social, especialmente no campo da cultura e da educação; processo em que a religião perde sua autoridade em dois níveis: o da consciência humana e o institucional. No nível da consciência humana, os sinais da secularização são: redução dos efeitos socioculturais da religião, ruptura do monopólio religioso, regime de concorrência entre os diversos agentes religiosos. Na sociedade moderna (pluralista) a definição de realidade dada pelo cosmos sagrado não é mais perceptível para a totalidade da população. É necessário escolher uma concepção religiosa e de mundo entre tantas ofertas no mercado. No nível institucional, pode-se perceber a secularização pelos seus efeitos socioestruturais, tal como a privatização da religião: só é plausível para indivíduos ou realizações pessoais, familiares e de pequenos grupos.

de influência das instituições religiosas, enquanto práticas novas ou antigas, o que não significa, necessariamente, o fim da instituição religiosa. Isso significa que as instituições continuam operando a nível societal e em nível da consciência individual. Em outras palavras, uma instituição religiosa pode permanecer atuando social ou politicamente, enquanto poucas pessoas manifestem adesão a ela.

A partir das afirmações de Berger (1985), podemos concluir, independentemente das transformações culturais ocorridas nos últimos séculos, que a experiência da cura (seja ela física, espiritual ou emocional) continua sendo, na Modernidade, a força motriz do universo da RCC. Esse movimento encontra-se alicerçado na experiência do Espírito Santo das comunidades e grupos de oração da RCC, a partir do modelo de Pentecostes e das primeiras comunidades cristãs da Bíblia, cujos relatos literários descrevem curas milagrosas.

Nessas práticas, pode ser percebida uma mescla de racionalidade e fé, ou seja: nas ações a serem realizadas, se pensa bem nos objetivos a serem atingidos e nos meios para atingi-lo, racionaliza-se. Entretanto, o ponto de partida pode ser uma concepção mágica, realizada sob o domínio dos deuses, em relação aos meios adequados para se atingir os objetivos propostos.

Essa perspectiva nem sempre é percebida pelas pessoas em suas práticas sociais. É o que ocorre, por exemplo, na Igreja Católica, principalmente quando a chamada Igreja Progressista tem uma tendência a subestimar a questão mágica/milagre, bastante enfatizada pelos carismáticos e pentecostais (Mariz, 1997, p. 21). Outra constatação foi a de que "o discurso progressista católico não dá ênfase a fenômenos sobrenaturais e também não oferece explicações para eles". No que tange à questão social, os "progressistas" estão mais preocupados com as "injustiças e problemas sociais e econômicos" que os "problemas de ordem pessoal, psicológica e afetiva". Além do mais, subestimam as práticas mágicas e o lado pessoal e subjetivo do indivíduo, dando ênfase, sobretudo, ao aspecto social, deixando para um segundo plano a "discussão da vida afetiva, sexual e da saúde dos indivíduos" (Mariz, 2001, p. 21).

Analogamente, tanto no pentecostalismo quanto na RCC, há uma predominância da crença em milagres na vida cotidiana dos fiéis. Eles acreditam em curas, profecias, revelações divinas, legitimadas por testemunhos de pessoas que tiveram soluções para seus casamentos em crise, bem como soluções de outros problemas de ordem material. Essa crença em milagres e no poder sobrenatural é considerada por setores progressistas católicos como alienante. Eles "têm uma atitude de desconfiança em relação a essas crenças e consequentemente em relação ao pentecostalismo e ao movimento carismático católico" (Mariz, 1997, p. 40).

A interpretação que os progressistas dão para os milagres é de que são fenômenos subjetivos, que quase nunca resistiriam a uma observação empírica objetiva que obedecesse aos cânones científicos. Enquanto tal, "esses 'milagres' seriam irreais ou mentirosos e estariam negando ou ofuscando a realidade objetiva que, nessa visão, seria a 'verdadeira realidade' ". De fato, os progressistas alinham sua concepção com o discurso racionalista moderno, vendo "a religião e o mundo sobrenatural como uma ilusão. A dicotomia 'objetivo versus subjetivo' e o conceito 'realidade objetiva', sobre o qual se baseia a definição de alienação pelo discurso racionalista moderno, já vêm sendo criticados e questionados por várias décadas" (Mariz, 1997, pp. 40-41).

Dessa forma, o fenômeno da RCC no Brasil se insere nesse contexto de exacerbada racionalidade, mas também de contestação a esse excesso. Desde o final do século XX e, sobretudo, no início do século XXI, percebe-se, na maioria dos países e, principalmente no Brasil, um despertar para o Sagrado, apesar desse fenômeno mostrar-se, muitas vezes, contraditório em uma sociedade mergulhada no universo das novas tecnologias e de significativos avanços da ciência, ampliando, a cada dia, a oferta de informações sobre as mais diversas esferas da vida cotidiana.

Um sinal desse despertar para o Sagrado é a presença ativa da RCC como uma religião do espírito. Afinal, no meio pentecostal e carismático, o termo "espírito, pneuma" significa, em sua origem etimológica, sopro, vento, hálito. Algo, essencialmente, volátil, fugaz, do qual "o pensamento já perdeu a memória quando começou a concebê-lo como finalidade evidente e incontestável da autoconsciência, até o 'espírito absoluto' de Hegel" (Vattimo, 2002, p. 68).

De acordo com Vattimo (2002), o contexto atual é marcado pelo retorno ou irrupção do religioso, cuja característica é perceptível em uma prática de espiritualidade. Por essa razão, o céu, segundo esse autor, não está vazio e a profecia de Nietzsche, que anunciava a morte de Deus, caiu no descrédito. O sentimentalismo e cultivo da sensibilidade tornam-se o fenômeno das massas e experiências religiosas de toda sorte aparecem cotidianamente.

Em contrapartida, o retorno ou o renascimento da religião traz consigo também uma apreensão para certo fundamentalismo, em que, em alguns contextos, se evidencia e corre-se o risco de "uma renovada aceitação de disciplinas, de doutrinas rígidas, com o óbvio risco do fanatismo e da intolerância" (Vattimo, 2002, p. 108).

De acordo com Kepel (1995, p. 29):

> *Os movimentos religiosos mais importantes realizam uma estratégia de ruptura com a ordem estabelecida que passa pela tomada revolucionária do poder, enquanto em outros, a forma pietista predomina. Nesses casos, a meta é transformar o sistema sem violência, desde o seu interior, a partir da pressão aos órgãos de decisão* (tradução do editor)[26].

No continente europeu, cuja sociedade é, segundo Kepel (1995, p. 77), massificamente secularizada e descristianizada, afirma o referido autor que, no final do século XX, nunca foi tão forte o surgimento de movimentos religiosos tanto pietistas (a exemplo da Renovação Carismática) quando sociais (a exemplo da Comunhão e Libertação), cuja pretensão é a reconstrução de uma sociedade cristã em um mundo laicizado. De acordo com o autor:

---

26 *Los movimientos religiosos más importantes despliegan una estrategia de ruptura con el orden establecido que pasa por la tomada revolucionaria del poder, mientras que en otras és la forma pietista la que domina; en estos casos la meta és transformar el sistema sin violência, bien royéndolo desde dentro, bien presionando a los órganos de decisión.*

[...] *por um lado, universitários descobrem o sopro do Espírito Santo graças à ação de comunidades carismáticas, enquanto em outras se multiplicam as curas milagrosas. Por outro lado, organizações como a Comunhão e Libertação querem recriar a sociedade cristã a partir do fracasso do laicismo* (tradução do editor).[27]

Segundo Kepel, na década de 1970, o surgimento dos movimentos religiosos nos Estados Unidos teve vinculação direta com a desilusão à ideologia e à utopia, de modo que essa "nova" religiosidade passava a definir as regras da sociedade por meio de atividades sagradas, investindo em projetos de reconstrução do mundo que, posteriormente, desembocaram na expansão e no fortalecimento da RCC, bem como no crescimento das religiões pentecostais (*apud* Silva, 2001, p. 26).

No contexto atual brasileiro, observamos, em um espaço mais restrito à Igreja Católica, isto é, na RCC, um despertamento para uma religiosidade voltada ao espírito, fenômeno pentecostal católico que tem atraído alguns fiéis e despertado em católicos tradicionais interesse por seu culto marcado, desde seu surgimento, pelo despertar dos carismas de cura e libertação, a partir das manifestações do Espírito Santo.

A nosso ver, apesar da sua vertente católica, a RCC é caracterizada por ser um movimento paradoxo e que, no firme propósito de cooptação de um público que já é seu e outro perdido para as religiões evangélicas, consegue conciliar, sem maiores problemas, fé (emocional) e razão (racional). Ora, apresenta-se como fenômeno primitivo já ocorrido nos primórdios da Igreja, mas, ao mesmo tempo, contemporâneo; ora tradicional, mas, ao mesmo tempo, renovador; ora elitista, mas, ao mesmo tempo, popular; ora formal, mas, ao mesmo tempo, espontâneo; ora separatista, mas, ao mesmo tempo, congregador, consegue conciliar medicina e religião etc. Com base, sobretudo, nesse conflito de identidade, Carranza afirma

---

27 [...] *por un lado, graduados universitarios descubren el soplo del Espiritu Santo gracias a la acción de comunidades carismáticas, mientras en el seno de otras se multiplican las curas milagrosas. Por otro lado, organizaciones como Comunión y Liberación, que quieren recrear la sociedad Cristiana trás el fracaso del laicismo.*

que "a RCC sucumbiu à rotinização e burocratização da sua capacidade de oposição ao sistema religioso estabelecido, tornando-se um movimento que vivencia o paradoxo entre a espontaneidade do carisma e a cooptação, mediante mecanismos de controle da instituição eclesial" (*apud* Anjos, 1998, p. 48).

Nesse sentido, a busca pelo Sagrado se deve, sobretudo, à intensidade de um espírito secular em nossa cultura, capaz de promover o individualismo diante do desenraizamento cultural e da crença no relativo. Por essa razão, a "perda do sentido de identidade cultural ou da queda do nível de identificação simbólica que permite a uma pessoa, desde o ponto de vista cognitivo, sentir-se ela mesma e diferenciar-se do Outro" (Pace, 1999, p. 26), levou o ser humano a uma crise existencial, a um estado de anomia, isto é, um caos existencial, conforme nos assegura Berger. Para ele, a sociedade, além de ocupar um lugar especial entre as formações culturais do homem, cumpre uma função nominante que leva o indivíduo a construir e sustentar um nomos na conversação e na vivência com seus interlocutores (Berger, 1985). A religião tem sido um dos meios mais eficientes contra a anomia, pois se tem utilizado da nomia como força poderosa de alienação e de falsa consciência. A legitimação religiosa proporciona ao indivíduo a crença em uma aparente estabilidade, na qual a transformação de produtos humanos em factividades supra-humanos ou não humanas faz com que o nomos humano torne-se o cosmos divino, podendo promover a alienação, compreendida como "o processo pelo qual a relação dialética entre o indivíduo e seu mundo (seja) produzido por ele" (Berger, 1985, p. 97).

Em consonância com o pensamento de Berger, Brighenti (2001, p. 37) afirma que, na atual conjuntura, influenciada pela cultura secular:

> [...] a salvação tende a apontar não tanto para uma missão ou uma ação transformadora da sociedade, mas para a realização pessoal. Não se descarta, a priori, a necessidade das transformações em torno do social, mas se dá primazia ao eu pessoal, condição para o resto. Daí a

centralização da religiosidade na situação do indivíduo, basicamente em sua situação interior: busca de identidade, equilíbrio psíquico, libertação de medos e de sentimentos de culpa, desconfianças e incapacidades de relação com os demais etc.

Além desse ponto de vista, Pierre Bourdieu (1999) afirma que os leigos contam com a religião, não tão somente para a libertação de suas angústias existenciais, mas porque ela pode fornecer-lhes justificações de existências quando ocupam uma determinada posição social. Essa situação cobra-lhes uma nova postura diante das causas e razões das injustiças e privilégios sociais. É, pois, por cumprir funções sociais que, conforme esse autor, se torna possível a análise da religião sob o ponto de vista sociológico.

No mundo atual, por conta de suas "angústias existenciais", o ser humano está mais predisposto e, segundo Berger (1985), mais voltado a um espírito religioso tanto quanto antes e, em alguns lugares, até mais acentuado que em outros, a exemplo do Brasil católico, em comparação à Europa católica. O autor combate a ideia de que no mundo, a globalização, com seu processo de modernização, é responsável pela diminuição da religiosidade das pessoas e, de certa forma, nas sociedades em geral. Por outro lado, não queremos nos tornar "céticos" o bastante e acreditar piamente em um retorno religioso sem, contudo, levarmos em consideração o fato de que a Modernidade apresenta alguns efeitos secularizantes que proporcionaram outros fenômenos contrários à secularização.

Aliás, não se trata de considerar o fim da religião como alguns teóricos afirmavam, mas, pelo contrário, presenciamos, na contemporaneidade, uma procura cada vez maior pela religião que, por sua vez, nunca foi tão dinâmica como em nossos dias. A religião funciona, ainda, como fornecedora de sentido existencial porque a perda de sentido, de identidade cultural e simbólica tem levado as pessoas a experimentarem o Sagrado na RCC, a partir da experiência com a cura milagrosa. É por isso que podemos dizer que a RCC tem conservado, sob as obediências da Igreja Institucional, sua função terapêutica na sociedade. Resta-nos, pois, saber como isso acontece nos dias atuais. Procuraremos desenvolver essa assertiva no próximo capítulo.

Por hora basta destacar que a excessiva racionalidade, característica típica da Modernidade, tem provocado uma descentralização cultural de perda de sentido no indivíduo que se encontra em estado de carência existencial (nomia) e, por isso, busca na religião possíveis soluções de ordem psicoemocionais, mas que, de certo modo, não deixa de ser de ordem político-econômico-social. Por conseguinte, movimentos como o da RCC, cujas práticas estão mais preocupadas com a valorização do ser humano em seus aspectos psicológicos, emocional e espiritual, ou seja, suprir suas carências existenciais, são capazes de fornecer respostas convincentes de conteúdos emergenciais frente ao caos estabelecido pela cultura moderna e fazê-lo experimentar o Sagrado, de forma pessoal, mas também comunitária.

Em consonância, na RCC, as pessoas vivenciam o Sagrado de forma coletiva, mas a partir de experiências individuais. Essas experiências, segundo o depoimento das pessoas que entrevistamos, possibilitam-lhes entrar em contato com o transcendental (o Espírito Santo), experimentá-lo, segundo elas, a partir de suas próprias emoções/sentimentos. Na experiência pentecostal, os gestos, as orações em público, os louvores em voz alta, o uso dos carismas de cura e libertação e a leitura direta da Bíblia e sua interpretação contextualizada fazem com que o movimento arrebanhe um público muito fiel, dentro de um processo de conversão e participação ativa nas atividades de culto.

Maués, em um estudo etnográfico, faz uma comparação com as técnicas corporais utilizadas no culto xamanístico de um grupo rural (caboclos) da Amazônia brasileira e as técnicas corporais da RCC. De acordo com Maués (2004, p. 141), quando se utiliza o corpo como instrumento, seja para cantar, falar, orar, fazer algum gesto, ou apenas como caráter estético, não deixa de ser uma *performance* ou desempenho, isto é, a execução de um trabalho, atividade, empreendimento. Essas práticas gestuais são meios (a exemplo do abraço, do toque, do olhar etc.) através dos quais os carismáticos modificam o espaço interpessoal. Para o autor, no culto carismático, as entidades benéficas que se fazem presentes, quando invocados e, às vezes, visualizados, "são os anjos, além do Espírito Santo, isto é, a própria divindade, além da presença da Virgem Maria com quem os carismáticos mantêm um contato direto, sem necessidade de intermediação". De acordo com nossas entrevistadas, o Espírito Santo é sentido interiormente e, às vezes, "paira" e "age" sobre o ambiente ou local do culto carismático.

Maués (2004) afirma ainda que, em certas ocasiões, no momento da imposição de mãos, geralmente o neófito pode não só receber o Espírito Santo como também "repousar no Espírito"[28]. Nesse caso, ao orar pelo repouso no Espírito, geralmente o orante pressiona levemente a cabeça para trás de quem recebe a oração. Ele deve ficar com os olhos fechados enquanto é balançado para frente e para trás. Essa dinâmica proporciona, em alguns casos, o "repouso no Espírito".

Com base em nossas observações pessoais *in loco* e na literatura carismática por nós pesquisada, percebemos uma forte oposição entre sagrado e profano, mal e bem, saúde e doença, seja nas pregações, seja nos testemunhos pessoais dos fiéis, ao lado de uma ênfase à ação santificante do Espírito Santo. Todavia, o Sagrado sempre se aproxima do profano, a fim de santificá-lo, ou seja, transformar sua realidade mundana. A experiência da cura está associada automaticamente à "unção" ou "batismo" do Espírito Santo e libertação dos males. Para os pacientes-fiéis, conforme a análise que apresentaremos no último capítulo, a doença é um mal que precisa ser extinguido, expulso, exorcizado.

---

28 Trata-se de um termo cujo significado é "ser dominado pelo amor de Deus" e, por isso, a pessoa às vezes cai ao chão e fica, por alguns minutos, como se estivesse dormindo. "Os pentecostais clássicos usam a expressão 'morto no Espírito'. O pentecostalismo católico modificou a terminologia e 'morrer no espírito' passou a ser 'repousar no Espírito' " (Walsh, 1987, p. 43).

Na teodiceia presente, os fiéis podem fazer uma leitura das enfermidades que os cercam não tão somente como sinais do mal ou consequências dos seus pecados, mas também como um meio para a purificação, de aproximação e contato com o Sagrado. No caso específico da RCC, quando não se obtém a cura, a libertação de algum estado anômico, tem-se a tendência de caracterizar a doença como um mal, um empecilho sem razão de ser, mas também um mal que pode ser justificado, isto é, um mal que conduz ao bem. Ocorre, pois, um movimento contrário: o profano, quando relido em outros termos, pode servir para levar o indivíduo ao Sagrado. Nesse caso, a assimilação entre o bem e o mal, a saúde e a doença, o médico e o padre só pode ser compreendida "pela importância cultural que o cristianismo continua a exercer, sob forma secularizada, em nossa sociedade" (Laplantine, 2004, p. 243).

Na visão do *homo religiosus* da RCC, é o Espírito Santo quem santifica as coisas mundanas (profanas) na tentativa de trazer saídas às angústias interiores do ser humano. Essa oposição entre sagrado e profano não constitui, para Durkheim, uma distinção hierárquica, por ser genérica e imprecisa. Segundo esse autor, "a separação entre sagrado e profano é absoluta e supera outras tradicionais: bem e mal, saúde e doença, que são espécies do mesmo gênero" (*apud* Rolim, 1997, p. 38). Do contrário, por mais que se oponham sagrado e profano, há certa aproximação entre eles porque se não houvesse nenhuma aproximação entre esses dois elementos, de nada serviria a excelência do Sagrado, uma vez que, para os fiéis da RCC, esse é quem transforma toda a substância do profano. Ora, no mundo contemporâneo, evidencia-se cada vez mais o contato ou uma reaproximação entre sagrado e profano, religião e medicina, fé e razão em todos os âmbitos. Por exemplo, artistas seculares são contagiados ou atraídos pela música religiosa, nos consultórios médicos e hospitais cada vez é mais comum aliar ao tratamento médico convencional, o tratamento espiritual e, no campo científico, a ciência busca evidenciar os benefícios que a fé e a pertencente a uma religião podem trazer de salutar a uma pessoa.

De acordo com Rolim (1997), essa oposição de radicalidade entre sagrado e profano se configura dicotomicamente no interior da religião, marcada pela mediação dos meios simbólicos. Da mesma forma que, de um lado, a sociedade é considerada matriz da religião, enquanto representações religiosas; do outro, a religião é vista como emblema da sociedade. De fato, "o carácter dinamogênico[29] que se pretende atribuir à religião é, diante da sociedade, um processo de autogestação. Não o é da religião, figurada em uma dimensão apenas simbólica" (Rolim, 1997, p. 42).

Adiante, discorreremos sobre como se caracteriza e se desenvolve a relação entre religião e medicina no cenário contemporâneo. Há, com o advento da Modernidade, uma aproximação ou reaproximação entre fé e razão e vice-versa, fazendo com que as curas (sejam espirituais, emocionais ou físicas) na RCC tornem-se ponto de convergência entre religião e medicina.

2.5 - Campo religioso atual: a fé desafia a razão

Percebemos que a separação do tempo e do espaço e suas formas de recombinação provocam "o dinamismo da Modernidade". Isso geralmente acontece porque a Modernidade desvaloriza o tempo e o espaço imediatos da sociedade tradicional, criando condições favoráveis para que os indivíduos se desencaixem de suas próprias ligações e referências culturais tradicionais (Moreira, 2008a).

No mundo contemporâneo, a religião não desapareceu ou acabou. De acordo com Moreira (2008b), na reflexão teológica ou nas ciências humanas, de modo geral, há um consenso entre os estudiosos ao afirmar que a religião sofre, atualmente, mudanças. Por isso, dizemos que ela se redimensiona, se ressignifica, se reinterpreta, se privatiza e, algumas vezes, sequestra elementos de outras

---
29 Caráter estimulante.

instâncias sociais ou é sequestrada por outras instâncias sociais, pois acaba migrando, flutuando e exteriorizando-se, principalmente porque essa relação abrange dimensões de subjetividade (fé) e de racionalidade (saber).

Na visão de Teixeira (2006), a Modernidade, enquanto evento cultural e global, é marcada, exclusivamente, pelos conceitos de subjetividade e racionalidade, enquanto a Pós-modernidade revela-se incapaz de responder as estâncias de uma contemporaneidade livre do peso das ideologias. Ao tentarmos compreender o presente (moderno, antimoderno ou pós-moderno), esbarramos constantemente nos diversos conflitos interpretativos. De modo que já não sabemos, ao certo, se vivemos na época da Modernidade ou daquilo que poderíamos chamar de pós-moderno. Nesse caso, nos situaremos de forma intermediária, buscando, na Modernidade, interpretar o fenômeno religioso da cura na RCC.

Segundo Teixeira (2006, p. 1):

> Para alguns [...], vivemos em um tempo de nivelamento de todas as tradições esperando uma espécie de retorno do sujeito tradicional e comunitário reprimido; para outros ainda vivemos um momento pós-moderno em que a morte do sujeito se apresenta como a última onda de ressaca da morte de Deus.

Essa nova situação atingiu a religião porque, na modernidade religiosa, seu próprio conceito está hoje em crise. Na visão de Hervieu-Lèger, na Modernidade podemos encontrar duas definições de religião. A primeira define a religião como tudo aquilo que é sagrado e a segunda a define como tudo o que possa produzir sentido para a vida (*apud* Procópio, 2009, p. 184). Para Hervieu-Lèger, a Modernidade pode ser lida a partir de duas dimensões do progresso, quais sejam, a histórica e a utópica. Pela primeira via, a Modernidade consegue abolir a religião, enquanto sistema de significações e motor dos esforços humanos porque a Modernidade provocou transformações nas ciências, na tecnologia e na forma de ver as relações políticas e econômicas que, gradativamente, perdem seu sentido transcendental. A religião garante, por essa via, "a plenitude e a salvação", elementos que funcionam como barreiras para a Modernidade quando tentam suprimir os aspectos religiosos e não conseguem "dar todas as respostas para a vida cotidiana (individual e coletiva), sob a égide do progresso enquanto utopia" (*apud* Procópio, 2009, p. 185).

A segunda via (utópica) nos possibilita uma interpretação da religião como um movimento duplo, como um paradoxo, assim como caracteristicamente a Modernidade se apresenta. Por isso, podemos identificá-la por dois processos, quais sejam: "o processo pelo qual a Modernidade produz a religião). Quer dizer, essa perspectiva sugere centrar a análise sobre os processos multiformes do trabalho recíproco da Modernidade sobre o campo religioso instituído, e da religião sobre os processos sociais, econômicos, políticos, culturais e simbólicos" (*apud* Procópio, 2009, p. 185).

Os limites entre o exercício da religião e medicina não são tão definidos porque, ao desvalorizar o tempo e o espaço, a Modernidade cria novas condições para que o paciente-fiel ou o fiel-paciente[30] se desencaixe de suas filiações ou convicções primeiras; isto é, não seja tão fiel à tradição em questão, seja ela qual for. Quase não se percebe mais, hoje em dia, os limites indefinidos entre religião e medicina, entre a fé e razão, entre o tratamento médico tradicional e o espiritual. A crise de mediadores tradicionais da graça e o surgimento cada vez maior dos novos mediadores possibilitam a aceitação ou assimilação de outros recursos que escapam do domínio de determinado campo do saber porque todos os valores que pareciam seguros se perderam. Vivemos hoje a consciência do fracasso do projeto de civilização e cultura que se tinha e se apresentava como modelo oficial. Por isso, nossa tese é a

---

30 Ao referirmos ao *homo religiosus* cuja procedência é aquele paciente que sem deixar o tratamento médico-hospitalar, busca outras alternativas de cura na religião, identificamo-lo como paciente-fiel. Ou ainda, quando se trata do *homo religiosus* que, internamente, ou, ainda, fiel ou membro da RCC, identificamo-lo como fiel-paciente, uma vez que ambas transitam entre as instituições religião-medicina e/ou medicina-religião.

de que existe uma espécie de síntese cultural atual, composta na simbiose entre fé e razão e, consequentemente, na dialética entre religião e medicina, na qual o tempo é um tempo de tribulação, de incertezas, de caos, de impossibilidade e de inquietação.

A nosso ver, as instituições seculares ou as corporações atuais e a religião sequestram, reciprocamente, os bens simbólicos, os métodos e as estratégias uma da outra, fazendo com que seu espaço se torne sacralizado ou profanizado, ou ainda, um espaço no qual se torna possível a reaproximação de ambos. Nesse espaço, tornam-se possíveis as experiências múltiplas de fé e razão, crenças e ideologias, credos e confiança, dogmas e normas que estivessem abertos às novas descobertas científicas e, juntamente, com elas, pudessem guiar o ser humano nesse mundo conturbado, de medo, frustrações e inquietações. Para Teixeira (2006, p. 5):

> *O homem contemporâneo vê-se envolvido por uma nova inquietação. Tal aflição tem a ver com o fato de o ser humano hodierno se amar e se conhecer capaz de tudo; percebe-se como o mestre da própria vida e da própria morte. Ao mesmo tempo, porém, presente à sensação de poder fazer tudo, o homem experimenta a impossibilidade de não poder fazer grande coisa. A crise de nossa cultura moderna de certo modo nasce dessa contradição.*

No contexto acima apresentado, podemos ver que as funções dos dois campos de saber/poder em que estamos focando: religião e medicina, fé e razão, se interligam por conta da re/aproximação e, consequentemente, assimilação de ambos os campos. Isso acontece porque: "O racionalismo, ao invés de opor-se ao misticismo, nasceu dele, conforme a tese de Tillich (1998, p. 260). É justamente por terem uma área de intercessão que os dois entraram em confronto direto no século XIX" (Quadros, 2005, p. 149), mas são desafiados hoje a reencontrar-se.

No caso específico da religião, ela passa a atuar como verdadeira "empresa de salvação", cujos elementos e formas são emprestados de outras instâncias sociais. Por isso, a Religião, com seus bens espirituais cada vez mais valorizados, sobretudo em função da "ênfase espiritual" e do espírito mercadológico dos quais se revestem os sacerdotes (funcionários do Sagrado), manipuladores e vendedores de produtos (*sacramentum*) de salvação.

Na sociedade brasileira, marcada exclusivamente pela desigualdade social, as pessoas têm buscado cada vez mais a solução para seus problemas de saúde na religião porque, muitas vezes, por conta de um sistema de saúde precário e excludente, ou por conta de doenças às quais a medicina ainda não tem a cura em definitivo.

Na Igreja Católica, em particular na RCC, a busca pela cura é definida como uma crença e uma ação mágico-religiosa porque inclui recursos como exorcismos, oração de libertação e de cura de males físicos ou emocionais. Nesse universo, a RCC apresenta-se como uma instância religiosa utópica, de duplo movimento, paradoxo, produzido pela Modernidade, na qual é possível a cura milagrosa, isto é, a solução aos problemas do cotidiano a partir de seu culto propenso ao forte apelo à emoção, à fé, motivando o paciente-fiel ou o fiel-paciente a buscar a cura através do milagre. Mas se demonstra compreensiva também quando não proíbe seus membros de procurar/continuar, paralelamente, o tratamento na medicina convencional. A busca pela cura milagrosa é mediada pelos recursos mágico-religiosos do culto de cura e libertação na RCC. Nesse culto, cria-se todo um aparato instrumental e oracional para que, de fato, a cura possa acontecer na vida dos fiéis.

Um dos motivos que tem levado as pessoas a procurarem a busca da cura na RCC é, por um lado, o fato de que os sistemas de saúde pública no Brasil são ainda muito precários. Por outro, além das dificuldades de acesso aos serviços especializados, a medicina oficial brasileira perde sua hegemonia enquanto espaço exclusivo de oferta de saúde porque, conforme percebemos em nosso campo empírico, quando o tratamento médico convencional não consegue, por si só, dar soluções tangíveis na recuperação da saúde, as pessoas aliam a seu tratamento um outro, de cunho mágico-religioso-espiritual, oferecido pelos serviços de cura divina (Botelho, 1991).

Dessa forma, podemos afirmar que, na atualidade, quando o homem não mais encontra na medicina – fundamentada na ciência moderna e, por conseguinte, na razão –, as respostas plausíveis para suas possíveis angústias existenciais, ele as busca na religião, fundamentada na fé, sem, todavia, desmerecer ou extinguir o tratamento médico convencional.

Nos dias atuais, a função terapêutica da religião está sendo resgatada porque traz consigo a esperança de cura de doenças e dos possíveis males psicológicos do ser humano. Por outro lado, ela se aproxima da medicina ou abre espaço para um diálogo saudável que oferece, através de suas práticas, apoio social e psicológico ao ser humano, no propósito de resgatá-lo, ajudá-lo a reorganizar internamente suas dores e sofrimentos.

Nesse contexto, religião e medicina (fé e razão) se encontram, entrecruzam, dão as mãos, em uma época em que surge uma quantidade enorme de doenças incuráveis e o sistema de saúde brasileiro encontra-se em crise. Tratando-se do caso particular da RCC (de modo específico, o grupo de oração "Sagrados Estigmas", conforme ilustraremos no capítulo 3), ela se apresenta como um ponto de apoio ou espaço de convergência no qual é possível conciliar fé e razão, isto é, o tratamento convencional e o espiritual ao mesmo tempo porque:

> *a experiência religiosa hoje parece apontar para um processo de recuperação dos sentidos como linguagem significativa. O conflito entre emoção e razão, que perpassa a experiência moderna no Ocidente, parece dar lugar a uma nova relação onde razão e coração andam juntos. Não se trata de escolher entre o dogma e a experiência, mas de buscar a autenticidade afetiva nas vivências espirituais incorporadas nas trajetórias pessoais* (Steil, 2001, p. 124).

Com o avanço da racionalidade moderna, a relação entre religião e medicina sofreu grandes rupturas, mas as concepções modernas da física sistêmica fizeram com que a saúde fosse interpretada como um fenômeno multidimensional de aspectos físicos, psicológicos e sociais interdependentes (Capra, 1982). Essa situação, de acordo com Terrin (1998, p. 1998), corroborou para o resgate da relação entre a religião e a medicina. Essa relação foi, por muito tempo, vista como um "mau relacionamento entre ciência da natureza e ciências do espírito".

Segundo Teixeira (2006, p. 10), alguns autores (J. Habermas e A. Touraine) "se baseiam em uma leitura prejudicial da Modernidade identificada com a racionalização e o desencanto, indicando a perda de uma visão mítica do mundo, devido a uma racionalidade fundamentada no sentido que o sujeito imprime no significado objetivo da realidade".

Para o autor, essa leitura apresenta apenas a parte negativa da Modernidade, sem apresentar seu significado real que é a tensão entre racionalização e subjetivação. Teixeira (2006, p. 10) defende a tese de que o pós-moderno não é oposto ao moderno. Muito pelo contrário, é uma parte deste porque "o mundo moderno vem uniformizado pelas racionalizações, se chega contemporaneamente como compensação à cultura da multiplicidade e do individual".

Desse modo, "a versão da recíproca exclusão entre Modernidade e cristianismo, expressada no conflito interpretativo da secularização, ventilou a tese de uma visão de mundo, aquela moderna, de levar pouco em conta a questão do religioso e mesmo do teológico, em que os conceitos de subjetividade e racionalidade jogaram bastante forte" (Teixeira, 2006, p. 10).

Na verdade, essa configuração contemporânea faz surgir um paradoxo que, de um lado, está presente no impasse da Modernidade e suas conquistas irreversíveis (subjetividade e racionalidade). E, de outro, o distanciamento da Modernidade dos teoremas do cristianismo e da religião é o que "perpassa o panorama da Pós-modernidade que se compõe da presença do simbólico, do mítico e do religioso" (Teixeira, 2006, p. 11). Nesse sentido, "a convicção da fé é aquela de um saber autônomo, alternativo, em grau de autodeterminar-se na sua tensão cognoscitiva, proprietária de uma razão própria. O risco dessa prospectiva era, no fundo, um naturalismo mascarado, um iluminismo invertido da fé incapaz de diálogo com a razão, a qual reconhece sua capacidade dedutiva. Desse modo, não somente a lógica da fé torna-se exclusiva, mas ao mesmo tempo, obrigava a razão a operar sobre uma realidade, segundo cânones que não eram seus, em contraste com a liberdade e a historicidade do homem" (Teixeira, 2006, p. 11). Essa contraposição trouxe uma dupla crise: a crise da fé e da razão.

Na Modernidade, essa relação fé-razão parece experimentar uma aporia de percurso, "incapaz de uma correta anâmnese de sua origem". Teixeira (2006) sugere a hipótese de que a Pós-modernidade pode ter desnudado o complexo edípico da Modernidade e, ao mesmo tempo, ter construído uma instância capaz de favorecer uma negociação entre cristianismo e Modernidade.

Entendemos que, atualmente, essa negociação pode ser marcada pela associação entre religião e medicina, e, de forma análoga, pelas práticas de curas nas expressões religiosas pentecostais, em especial, na RCC. Aliás, a tradição cristã sempre desenvolveu a ideia de que a tarefa terapêutica da religião é parte principal e fundamental da sua missão e salvação. Por isso, podemos dizer que a religião sempre constituiu, de tempos em tempos, o papel de construção e manutenção do mundo.

No contexto atual, as expressões religiosas pentecostais, a exemplo da RCC, evidenciam fenômenos de cura porque seus cultos são mais propensos a exaltação do espírito, isto é, à emoção e ao sentimentalismo, capazes de transcender o plano natural do ser humano e projetá-lo às experiências subjetivas e, consequentemente, livrá-los das mais diversas situações anômicas. Não se trata, porém, de enxergar essas "novas formas de crer" como repetidoras ou reprodutoras das crenças das religiões tradicionais, mas "destacar que ao mesmo tempo aspectos da tradição são reinventados no moderno, aspectos da Modernidade são incorporados e reavaliados pelo popular e pela tradição" (Steil, 2001, p. 122).

O campo religioso atual está marcado, essencialmente, pelas "instâncias de produção e narrativas sociais, nas quais os indivíduos e grupos sociais inscrevem sua ação" (Steil, 2001, p. 127). Isso não significa, entretanto, que a experiência religiosa na sociedade brasileira contemporânea esteja propensa ao resgate das tradições religiosas do passado, mas também não se trata de desfazer-se dessas tradições. Trata-se, sobretudo, de atentar para "as dimensões constitutivas da religião como elemento vital nos processos de interpretação dos fatos sociais e de fazer e refazer identidades coletivas". Com efeito, para Steil (2001, p. 126):

> ao invés de pensar tradição e Modernidade como um contraste binário, preferimos apontar para as possibilidades de arranjos entre elementos de diferentes origens, vivenciados em experiências pessoais e coletivas que ultrapassam a possibilidade do controle das instituições religiosas.

Desse modo, nossa intenção, neste capítulo, foi a de mostrar a relação ou diálogo entre religião e medicina, para, no próximo capítulo, buscar identificar a RCC como campo de convergência entre fé (milagres) e razão (medicina formal) na atualidade. A aproximação/reaproximação de fé e razão, bem como suas contribuições para o restabelecimento do ser humano. No próximo capítulo, buscaremos identificar essa relação a partir dos depoimentos de pessoas entrevistadas da RCC que se apresentaram, em nossa pesquisa, em um primeiro momento como portadoras de câncer e, em um segundo momento, como curadas dessa doença.

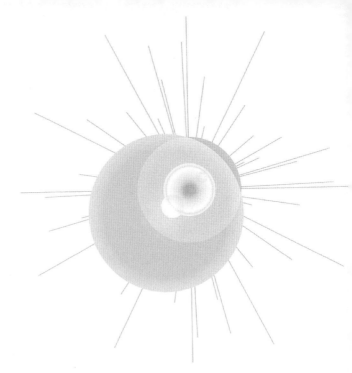

Capítulo 3

3 – Fé (religião) e razão (medicina): a cura milagrosa na RCC

Nos capítulos anteriores, apresentamos um breve histórico sobre as relações entre religião e medicina, e, correlatamente, entre fé e razão. Buscamos evidenciar também como a oferta de cura através de milagres, presente na RCC, se insere no campo dessas relações. A intenção do presente capítulo é analisar, a partir das narrativas das pessoas entrevistadas, como tal oferta religiosa é vivenciada pelos envolvidos no enfrentamento de suas doenças no espaço sociorreligioso da RCC em Goiânia.

3.1 – RCC: religião do espírito

Conforme a literatura interna produzida pela RCC, a manifestação do Sagrado nos encontros de oração, de cura e libertação é percebida através da "unção espiritual" (pneumatologia), "mistério

do louvor comunitário e dos carismas" que sacraliza os fiéis-
-membros (assembleia e milagreiro), ao ponto de se considerarem
templos do Espírito Santo (Walsh, 1987, p. 80). Para os membros
desse movimento, essa percepção do Sagrado (Batismo no Espírito
Santo), revela-se, a partir do desenvolvimento da teologia trini-
tária. Afirmam eles que o Espírito Santo foi, na verdade, perdido
quando o homem perdeu a Graça Original. A base dessa crença do
catolicismo romano está presente na afirmação de São Cirilo de que:

> *o frontal Dom incriado, que recebe Adão ao ser criado, abandonou-nos
> a partir do pecado, uma vez que o Espírito Santo não pode habitar em
> uma natureza corrompida nem manter nenhuma relação com o mal.
> Os homens caíram, então, no deserto do Espírito e, em consequência,
> deixam de participar da vida trinitária. Essa participação se realiza por meio
> do Espírito, sem o qual não pode haver santidade* (Santana, 2000, p. 19).

Segundo Santana (2000), cujo livro versa sobre a experiência
do Espírito Santo nos padres da Igreja, o evento de Pentecostes
marca, definitivamente, o nascimento da Igreja primitiva com uma
vital dependência do Espírito de Deus, operante em cada fiel. Em
Pentecostes, segundo o autor, a Igreja nasce das línguas de fogo do
Espírito Santo e recebe, a partir do "batismo do Espírito", uma força
apostólica capaz de sacramentar as coisas. Para Zizioulas (*apud*
Santana, p. 28), "a história da salvação, da qual a Igreja é parte
integrante, é uma sucessão de acontecimentos que, sob a ação do
Espírito, tornam-se 'carismáticos' ".

A partir dessa perspectiva, ousamos dizer que a Igreja e a
tradição patrística do Oriente viviam, em seus primórdios, sob
a dimensão pneumatológica, uma vez que a liturgia dos padres
era, exclusivamente, teologia-litúrgica e pneuma-epiclética. Dessa
forma, "o poder operativo" e os "ritos sagrados", bem como a "intervenção hipostática[31] da terceira Pessoa da Trindade" faziam com

---

31 Termo teológico referente a uma só pessoa, isto é, união ou intervenção divina com a natureza humana. União hipostática refere-se à clássica discussão cristológica sobre a união do verbo com a

que a Igreja vivesse em um "regime pentecostal", sob a influência contínua de um pentecostes perene na experiência sacramental. De acordo com essa literatura, o Sagrado (Espírito Santo) é invocado em todo o rito/culto sacramental de iniciação cristã, presente nos catecúmenos, nos padres e na assembleia dos fiéis, com um forte teor pneumático, o que permitia à Igreja ser uma Igreja Carismática. Segundo Santana (2000, p. 55, grifos nossos):

> *nos primeiros séculos da Igreja, a celebração do Batismo, Eucaristia e Confirmação, tanto no Oriente como no Ocidente, possuía um forte teor pneumático que introduziria os cristãos em uma autêntica experiência do Dom do Espírito (e ainda) é no âmbito da celebração dos Sacramentos da Iniciação Cristã que os padres da Igreja se referem àquela efusão do Espírito ou um* Batismo no Espírito, *que era como que a base e o ponto de partida para uma real e profunda experiência do Deus Uno e Trino, e do Mistério da Igreja.*

A partir das afirmações de Santana, entendemos que a RCC busca, em trajes modernos, uma aproximação daquilo que se compreende da teologia pneumática das primeiras comunidades cristãs e as antigas celebrações litúrgicas, principalmente quando recorrem à teologia da graça, fortemente influenciadas pelas Igrejas Evangélicas, e às missas midiáticas dos "padres cantores" da RCC. Diferentemente da Igreja moderna, na Igreja primitiva, não havia os recursos e os aparatos da tecnociência (rádio, televisão, *internet* etc.) não eram mecanismos disponíveis, sendo que atualmente corroboram para o fenômeno de massas.

O certo é que, de modo geral, os sujeitos de nossa investigação afirmaram crer na presença do Espírito Santo e essa crença é para eles garantia de uma vivência mais fervorosa entre "assembleia-espírito" e "palavra-espírito", constituindo, assim, o fundamento de sua espiritualidade nos moldes da espiritualidade dos cristãos dos

---

natureza humana ocorrida nos primeiros séculos do cristianismo. No caso em questão, o autor utiliza o termo para exemplificar a união mística entre o Espírito Santo e o fiel, a assembleia e a Igreja.

primeiros séculos do cristianismo. Em sentido contrário aos demais setores da Igreja Católica, para a RCC, seu principal objetivo consiste na perpetuação dos charismata, isto é, "deve promover e possibilitar a experiência de pentecostes aos fiéis na Igreja". Na visão de seus adeptos, "os serviços e expressões da RCC devem estar a serviço da promoção dessa experiência que chamamos de Batismo no Espírito Santo" (EPA, apostila 5, s/d). Na tentativa de validar as práticas rituais da RCC, afirma Mariotti (*et al. s/d*), em documento interno ao movimento, que:

> *os carismas, portanto, não são novidades trazidas pela Renovação Carismática Católica, a não ser no aspecto do seu exercício nos tempos atuais. Os grupos de oração tornaram possível a sua manifestação em maior intensidade, percebendo sua qualidade de dom para todos os que crerem, consequência normal do batismo no Espírito. [...] Os carismas estão amparados na doutrina da Igreja, além de serem fundamentados biblicamente. Esses dons de adoração, louvor e oração aprofundam a dimensão contemplativa da fé cristã e as dádivas de serviço animam a vida de santidade.*

Nossa análise é apenas um dos possíveis olhares que podem ser lançados sobre um grupo específico de 7 (sete) pessoas do grupo de oração "Sagrados Estigmas", da Paróquia Santo Expedito e Sagrados Estigmas, que vivem/viveram, em suas realidades, situações de conflitos de saúde. Com base em suas respostas, afirmam essas pessoas que, nesses momentos, o doente não espera, simples e unicamente por uma intervenção salvífica da medicina, mas por um resultado sobrenatural eficiente e (cumpre-nos salientar) aliado ao tratamento convencional. O rito, nesses casos, tende a se tornar magia,[32] uma vez

---

32 No catolicismo brasileiro em questão, percebemos, perplexamente, o fato de que as religiões que mais cresceram nesses últimos vinte anos têm um caráter acentuadamente mágico. Se, por um lado, as crenças católicas, orientadas pela Teologia da Libertação, parecem mais coerentes com as exigências de racionalidade presentes nas sociedades modernas; por outro, a magia, predominante no Movimento da RCC, cuja "onipotência" que caracteriza seu modo de intervenção na sociedade e na natureza, aparece como um terrível sintoma de que a modernidade brasileira efetivamente fracassou. Para Montero (1994, p. 75), "com a expansão da magia, o pensamento religioso brasileiro parece dar um passo atrás e revela que ainda não fomos capazes de entrar de modo eficiente e duradouro na verdadeira Modernidade. Essa impressão pode estar fundada na certeza da incompatibilidade entre pensamento mágico e pensamento racional".

que o homem tenta até mesmo surrupiar os poderes sobre-humanos, principalmente quando adentra o campo subjetivo da fé que a religião lhe oferece. Na verdade, as "religiões podem tanto orientar a pessoa de maneira rígida e inflexível, desestimulando a busca de cuidados médicos, como podem ajudá-la a integrar uma comunidade e motivá-la para o tratamento". Aliás, "quando o rito se torna mágico o sujeito humano tende a suplantar Deus e, dessa sorte, submetê-lo aos seus próprios desejos" (Stroppa; Moreira-Almeida, 2008, p. 5; Catalan, 1999, p. 132). É essa experiência que destacaremos nos itens que seguem.

3.2 - A cura milagrosa na RCC

Um dos primeiros aspectos que nos chamou a atenção em nossa investigação foi o número de doenças consideradas curadas pela entrevistada Hilda, na pergunta sobre qual era a doença. Além das curas físicas (a exemplo dos joelhos, artrose, coluna cervical e fibromialgia), ela também enumera a "cura interior" como milagre. As demais entrevistadas, em sua maioria (cinco), apresentaram o câncer, em seus variados gêneros, como doença cuja cura fora obtida pelo milagre, em parceria com o tratamento médico-convencional.

As entrevistadas Camille (46 anos), Isidore (42 anos), Katrina (47 anos), Rita (33 anos), e Wilma (54 anos) descreveram, respectivamente, seus milagres relacionados ao câncer em seus diversos tipos: Camille, por exemplo, diz ter sido curada de um câncer na rinofaringe. Isidore diz ter sido curada de um câncer no fígado. Katrina diz ter sido curada de um câncer linfoma. Rita diz ter sido curada do linfoma de *Hokgking*, descrito pela própria entrevistada como um tipo de câncer que atinge a região linfática. E, finalmente, Wilma descreve seu milagre como a "cura de (um) nódulo maligno no seio esquerdo".

A princípio, nos interessava em exclusivo, sobretudo os relatos de milagres de cura física, os quais a medicina não pode solucionar e, por isso, era nossa intenção a inclusão daqueles que apresentavam experiências de curas de doenças incuráveis, isto é, experiências de milagres pessoais de ordem física. Todavia, resolvemos incluir uma das nossas entrevistadas, Diane (32 anos), a única entrevistada que, ao descrever o milagre, de ordem psíquica-emocional, refere-se a ele como "uma depressão profunda", e, segundo ela, "incurável pela medicina", descrevendo que, antes de participar da RCC, era "uma pessoa muito depressiva". Resolvemos incluí-la porque, além de afirmar que já experimentou um milagre em sua vida, a entrevistada alega que a referida doença é considerada incurável pela medicina.

O câncer, considerado como um mal moderno, é uma doença muito antiga. Desde os gregos antigos, ela já era considerada uma doença terrível. No início do século XX, é que, de fato, ele começa a ser necessariamente estudado, principalmente porque começava a ser visto como uma ameaça à sociedade, ocupando espaço ao lado da tuberculose na consciência coletiva. Todavia, "a descoberta e a aplicação da radioterapia durante a década de 1920 é um dos primeiros exemplos de terapêutica forte, mas às vezes perigosa, característica da medicina moderna". De outra sorte:

> O combate à doença, mesmo com poucas esperanças de sucesso, tem sido uma constante. Antes, porém, de concentrar-se na medicina, os recursos para a luta têm sido bem diversificados há muito tempo. [...]. As pessoas procuram indistintamente adivinhos e benzedeiros, cujas práticas são um misto de remédios empíricos, rituais mágicos e religiosos: ministram ao doente poções com ervas, acompanhados por orações, penitências e conjurações mágicas (Adam; Herzlich, 2001, pp. 26, 32).

A doença, segundo as duas entrevistadas Hilda e Camille, é causada, respectivamente, por uma consequência "genética"[33] e

---

33 "A estrutura genética do homem é incrivelmente grande e complexa. Os geneticistas acreditam que os cromossomos humanos contêm cerca de cem mil genes. Até agora, somente uma pequena parte foi mapeada pelo Genetic Sequence Data Bank – Genbank, e já possibilitou que algumas

"hereditária", enquanto que, para a entrevistada Diane, os autores de sua doença são identificados, diferentemente das demais, nas "pessoas (sociedade)". Nos dois primeiros casos, embora suas respostas estejam ligadas ao organismo genético e corporal do ser humano, é importante frisarmos que, ao descreverem sua vida antes e depois do milagre, evidenciaram-se, em seus relatos, algumas dificuldades relativas às questões de relacionamento inter e extrapessoal. Em seus relatos, as entrevistadas Hilda e Camille, respectivamente, observam que:

Antes	
Havia muito ódio e ressentimento, e na cura interior senti necessidade de perdoar muita gente.	Era uma pessoa egoísta, não tinha tempo para Deus só para serviço, dinheiro e só pensava em mim.
Após	
Com a cura física a esperança aumentou. Tornei-me uma pessoa mais leve, liberta. Nunca mais as missas para mim foram iguais, aumentou minha fé, li mais a Bíblia, recebi muitas bênçãos.	Descobri que Deus é o maior e tem que estar em primeiro lugar; aprendi a amar o próximo e a ser humilde.

A partir do depoimento anterior, entendemos que a compreensão do mal, apresentado pelas entrevistadas, é de que ele está instalado na doença incurável (câncer); às vezes, de causa hereditária. Isso porque, segundo elas, a natureza humana está propensa, devido ao pecado original, à degeneração física. Essa interpretação do mal descarta a possibilidade de ele se personificar

---

centenas de doenças fossem caracterizadas geneticamente" (Botelho, 1991, p. 174).

no ser humano, apesar de que ele (mal) é visto como a própria doença (câncer), no corpo humano, porque o fiel/crente, embora tenha uma vida dentro da moral cristã, não está imune às consequências do pecado original.

Ademais, se, por um lado, segundo as afirmações das pessoas entrevistadas, o mal não provém de Deus, nem pode ser fruto de seu lado demoníaco, com características demoníacas. Por outro, elas se mantêm em consonância com a crença presente na teologia cristã pentecostal e neopentecostal de que o demônio faz parte da etiologia dos conflitos e problemáticas sociais (Carranza, *apud* Anjos, 1998, p. 51).

Ao longo das entrevistas, percebemos, nas falas das entrevistadas, que o termo "câncer", por mais que esteja evidente em nossa sociedade, é evitado. Perguntamos qual o motivo de não dizer o vocábulo "câncer" e recebemos como resposta a afirmação de que tal doença tem uma forte conotação de mal, demoníaco, degenerativo, capaz de agir no ser humano e desencadear uma série de consequências e, por isso, exerce grande temor.

A partir dessa afirmação, concluímos que o demônio, em sua concepção de maligno, é bastante temido por essas pessoas. Carranza (1998, p. 51), ao se referir à RCC, diz que há um resgate do imaginário demoníaco e, a partir do temor ao demônio, ela consegue "reordenar o mundo cotidiano dos fiéis, dando-lhes explicações plausíveis a seus conflitos pessoais e coletivos" e subjetivando sua vida cotidiana de relações objetivas através dos recursos das curas e milagres.

Diferentemente das quatro entrevistadas anteriores, as três últimas: Isidore, Rita e Wilma consideram o mal, personalizado na pessoa de "Satanás" ou "inimigo" (referindo-se ao opositor de Deus), o causador da doença que lhes acometeu. Entretanto, no primeiro caso (Isidore), apesar de relatar que Satanás (personalizado na doença) entrou em seu corpo, a entrevistada se responsabiliza pelo seu estado doentio. De fato, segundo seu entendimento, ela permitiu a entrada de Satanás porque deixou "uma brecha para que ele se alojasse". Essa "brecha", afirma ela, está relacionada ao pecado, uma vez que as enfermidades são consequências do pecado. Elas são em si um mal e podem se manifestar por meio do pecado, isto é, da fragilidade humana ou daquele que é o maligno por excelência: Satanás. A afirmação dessa entrevistada coincide com a orientação recebida de um dos líderes da RCC, para quem as doenças são consequências naturais de pecados pessoais porque "algumas doenças são efeitos de vícios e desordens morais. Quem, por exemplo, não conhece os tristes efeitos das doenças venéreas, das drogas, do fumo, do excesso no comer e beber? Mesmo aqui, a causa remota é sempre o demônio, uma vez que tais aberrações não são nada menos que os frutos venenosos e mortíferos do primeiro pecado" (Falvo, 2001, p. 88).

Na perspectiva desse autor, a doença pode dar-se no caso em que o demônio, de fato, pode estar instalado no corpo de uma pessoa, provocando-lhe uma doença. Segundo ele, há exemplos desses acontecimentos nos Evangelhos, como é o caso das pessoas mudas e surdas que readquiriram o uso dessas faculdades depois que Jesus as libertou do demônio: "Apresentaram-lhe um mudo possesso. E expulso o demônio, o mudo falou" (Mt 9:32). E, ainda: "Jesus estava expulsando um demônio que era mudo. Saído o demônio, o mudo falou, e as multidões ficaram admiradas" (Lc 11:14).

No segundo (Rita) e no terceiro (Wilma) casos, as respostas apontam como causador da doença o próprio mal (Satanás). Para Falvo (2001, pp 89-90):

> *[...] todos os males, mesmo as enfermidades físicas têm, direta ou indiretamente uma única origem: o demônio que, com o pecado original, subjugou todo homem ao seu domínio. Não é Deus e sim o demônio que se alegra quando pode atormentar os homens com toda sorte de males, contando entre eles as enfermidades. Jesus chamava as curas de obras de Deus (Jo 9, 3). As enfermidades devem ser, pois, obra de Satanás.*

Ademais, o fator hereditariedade, diferentemente de como ele é apresentado pela entrevistada Camille (em que se leva em conta apenas o aspecto físico da doença) pode também, segundo

DeGrandis[34] (1998, p. 33), estar relacionado à natureza moral ou espiritual, uma vez que afeta a conduta ou o espírito da pessoa. Na concepção desse autor da RCC, o milagre, moralmente falando, deve funcionar como elemento de conversão e, espiritualmente, como fortalecimento da fé, esperança e caridade. Coerentemente com essa função, a afirmação de Falvo (2001, p. 89) é de que:

> há também doenças que são consequências dos pecados de outros. Quem ousará negar as taras hereditárias? Quem há que não perceba que certos vícios e desordens morais dos pais repercutem na saúde dos filhos e perduram por várias gerações? Além da lei da hereditariedade, devemos ter presente que formamos, todos, um corpo social e, assim, tanto o bem como o mal que estiver presente em um membro, há de influenciar o resto do corpo.

Seguindo essa linha de raciocínio, a afirmação dos autores da RCC é de que as doenças são frutos do pecado, seja ele hereditário ou não, e que somente Deus poderá libertar o homem (e não apenas parte dele) do domínio do pecado/doença, isto é, do demônio que deve sofrer uma derrota completa no final dos tempos. Nesse sentido, a noção que o fiel tem acerca da conversão é de que significa uma:

> adesão à revelação objetiva de uma verdade bíblico-teológica e moral, concretizada em uma instituição religiosa específica, que exige uma entrega de fé. A libertação remete à experiência da radicalidade do sofrimento e da dor como via de acesso à verdade. O encontro com a divindade torna-se um encontro com seu verdadeiro eu, de modo que a descoberta de si se torna o caminho para o encontro com uma verdade subjetiva, que se transfigura na realidade do ser (Steil, 2001, pp. 24-25).

Essas concepções são próprias da religião, pois nela encontramos, à luz de Malinowsky (1988, p. 91): "todo um mundo sobrenatural de fé; o panteão de espíritos e demônios, os poderes

---

34 Padre americano, autor de textos de orientação moral e teológica destinados aos membros da Renovação Carismática Católica.

benéficos do totem, o espírito tutelar, o ancião tribal, a visão da vida futura, criam para o homem primitivo uma segunda realidade sobrenatural". Segundo Malinowsky (1988, p. 90), a religião ou a magia nasceram de "situações de tensão emocional" e, por isso, permitem escapes experimentais por meio do ritual e pela crença, cujo domínio é sobrenatural. Daí as crenças em fantasmas, nos espíritos (sejam do bem ou do mal), isto é, nos primitivos preságios da providência, os guardiões dos mistérios tribais (rodeados) "de tabus e formalidades (que distinguem) seus atos do mundo profano".

Na mesma esteira, está o pensamento de Weber (1999, p. 297), ao afirmar que há, no universo religioso, uma distinção entre:

> *[...] os deuses bons e superiores, que são adorados, e os últimos, ao contrário, os demônios inferiores, que são, muitas vezes adotados, mas conjurados mediante a magia. Ao lado da distinção entre poderes bons e diabólicos, importante em determinadas circunstâncias, começa então, dentro do panteão, o desenvolvimento de divindades especificamente qualificadas sob aspectos éticos. [...] Ao lado das divindades éticas, pertence, frequentemente, como é natural, o deus funcional especializado na administração do direito, em cujo poder está o oráculo.*

De acordo com sua narração, ao ser questionada como era sua vida antes e após o milagre, nossa entrevistada Camille assim o descreve:

Antes	Após
Sempre fui uma pessoa de oração, faço parte do ministério de música, dou catequese e procurei sempre servir a Deus.	Tudo mudou em minha vida, sou mais fervorosa em minhas orações diárias, sou mais feliz.

O fato de a entrevistada alegar ter sido sempre uma pessoa de fé e de vida comunitária gerou nela a concepção de que tenha permitido, em algum momento, a invasão de Satanás, personificado na doença cancerígena, em seu corpo, demonstrando sentimento de culpabilidade. Ou seja, a entrevistada assume a responsabilidade por ter (apesar de ser católica assídua) se afastado do Sagrado, em algum momento de sua vida e ficar, por isso, vulnerável à ação do mal.

A nosso ver, a doença acaba sendo a simbolização de Satanás. De acordo com Paul Tillich, o símbolo "é mediador da transcendência" e, por essa razão, "revela dimensões da alma que correspondem a dimensões da realidade", tornando-se, muitas vezes, símbolos convencionais (*apud* Croatto, 2004, p. 111). De fato, "o símbolo [...] mostra o Sagrado de uma maneira analógica, translúcido nas coisas como são". Ao recorrermos à contribuição de Croatto para entender o campo empírico da RCC, percebemos que, por um lado, o Sagrado é captado a partir da experiência religiosa e intuição ontológica do *homo religiosus* (Croatto, 2004, pp. 111-112). Não obstante, o Sagrado revela-se, tanto em seu aspecto positivo, ou seja, como uma entidade numinosa do bem, promotora de nomia, isto é, do milagre ou da ausência da doença, quanto, em seu aspecto negativo, porque pode tornar-se, também, uma entidade numinosa do mal, promotora de anomia, isto é, do mal ou da doença incurável[35] que pode levar à morte.[36] Nossa percepção, com base nas respostas do questionário, é de que a doença incurável é encarada na RCC como símbolo do mal que pode levar à morte e, por essa razão, deve ser tratada não só fisicamente, mas, sobretudo, espiritualmente. Daí, a necessidade atual de uma aliança nas relações entre religião e medicina. Se, por um lado, a medicina não pode coibir seu paciente de procurar assistência na religião, validando a terapêutica espiritual; por outro, a religião, no caso em questão, a RCC, tem demonstrado que, apesar de considerar muitos casos de doenças como algo proveniente do mal (demônio), não demonstra, de acordo com nossa pesquisa, em sua prática, restrições ao tratamento médico.

---

35 Essa doença (mal), a partir da interpretação dos fiéis-pacientes, pode também funcionar como um recurso divino no propósito de atrair a pessoa, ao procurar pela cura milagrosa, a um encontro com Deus, Jesus, Espírito Santo ou à Virgem Maria.

36 "[...] as moléstias cardiovasculares ou o câncer representam uma ameaça à vida do indivíduo. [...] No segundo caso, a sobrevida está no centro das preocupações do paciente" (Adam; Herzlich, 2001, p. 124).

Aliás, afirma Croatto (2004), é, sobretudo, nas representações religiosas que o símbolo, à luz de determinada cosmovisão, é interpretado em forma de relato (mito), a fim de contar a experiência religiosa vivida. Ele surgiu, portanto, da tentativa de interpretação a determinados eventos, a partir das hierofanias (cósmicas ou históricas), em referência ao Sagrado, aos sonhos particulares. Nesse caso, o símbolo participa do Sagrado a quem orienta e é insubstituível pelo *logos*, ou seja, ele não pode ser explicado, porque senão deixa de ser símbolo e torna-se incapaz de se remeter ao inefável.

Nos três casos que se seguem (Isidore, Rita e Wilma – as duas últimas no quadro a seguir), semelhantes aos anteriores; os sentimentos de opressão, tristeza, solidão e aprisionamento, individualismo e indiferença ao outrem, e esvaziamento do ser, diferentes do amor altruísta e relacionamento incondicionais e, ainda, do esvaziamento do ser são, novamente, retomados nos testemunhos como símbolos do mal.

	Antes	**Após**
Rita	Levava uma vida de liberdade, nunca me preocupei com a santidade e não sabia nada de Deus.	Fui tomada por uma força que hoje sei que era a Mão de Deus a me proteger. Hoje sou evangelizadora e participo do núcleo de oração e faço oração pela cura das pessoas. Tenho orgulho do que faço, sou muito feliz.
	Antes	**Após**
Wilma	Era uma pessoa muito triste, chorava e não tinha vontade de viver.	O amor de Deus encheu meu coração, então percebi que Deus me ama e se preocupa comigo.

Há, com efeito, para as fiéis entrevistadas, a concepção de que algumas doenças psicossomáticas, ocasionais ou da vontade divina, procedem do demônio que age "ostensivamente" em enfermidades físicas ou psíquicas e que podem ser obras malignas. Novamente, essa afirmação corresponde aos ensinamentos veiculados nos espaços de formação e de orações da RCC, como demonstra a literatura carismática destinada a ser utilizado pelos fiéis-membros:

> *Há também doenças que têm origem psicossomática, ou seja, aquelas que existem em nosso corpo como reflexo do que se passa em nossa mente. Existem doenças que são puramente ocasionais e outras que podem, inclusive, fazer parte do plano de Deus em nossa vida – não que Ele mande enfermidades para nós, ou nos castigue... mas, como disse São Paulo aos Romanos: todas as coisas contribuem para o bem daqueles que amam a Deus. Por outro lado, o demônio também costuma agir ostensivamente e algumas enfermidades físicas ou psíquicas podem ser obras deste, na tentativa de nos submeter ao seu jugo, minando a nossa fé e nos impedindo de executar a vontade de Deus* (Spuldaro, 2006, p. 25).

Em nossa análise, evidenciou-se, nas respostas de quatro fiéis entrevistadas: Diane, Isidore, Rita e Wilma, o entendimento de que não é Deus quem manda as enfermidades, mas elas se originam de uma entidade caracterizada como o próprio autor do mal; isto é, Satanás. Entretanto, nem todas as enfermidades, conforme as entrevistadas Hilda, Camile e Katrina devem ser atribuídas ao demônio, concepção do pentecostalismo católico e do pentecostalismo e neopentecostalismo protestante. A esses últimos, diferentemente do pentecostalismo católico, as doenças são unicamente originadas do demônio, não concebendo, portanto, a ideia de que algumas doenças são de ordem psicossomáticas e/ou ainda ocasionais.

A concepção da ação dos demônios e da experiência do mal não é exclusividade dos membros da RCC. Na história do cristianismo, o mal, segundo Boncinelli (2007), se revela na dor e no sofrimento, ou seja, é tudo aquilo que incomoda o ser humano e é capaz de provocar-lhe dor física externa ou interna, uma vez que sua ausência significa imediatamente a presença do bem. Por outro lado, a dor funciona como um "arauto", avisando que algo não está bem em toda a integridade fisiológica do organismo humano. Por isso, como afirmaram nossas entrevistadas Diane, Isidore, Rita e Wilma, o demônio é o provocador das doenças e para a realização da cura na RCC, torna-se, necessário, primeiramente, expulsar a doença ou o mal do corpo do fiel.

3.3 - Como acontece a cura milagrosa na RCC

Conforme percebemos *in loco*, durante nosso período de observação, na maioria das vezes, a administração da cura no grupo de oração é uma narração, em forma de oração, dirigida pelo dirigente do grupo ou por alguém tido pelos membros do grupo como portador (geralmente um pregador-milagreiro) dos dons de cura. Tal oração pode acontecer nos grupos de oração, em encontros fechados ou em encontros abertos da RCC. É comum, conforme nos descreve nossa entrevistada Hilda, (...recebi a unção do Espírito Santo, caí...), ao administrar a oração pela cura interior, a pessoa que recebe a oração sente, às vezes, certa moleza no corpo, sonolência e, outras vezes, até cai literalmente no meio da assembleia dos fiéis. Nossa entrevistada Hilda que diz ter passado por esse processo, afirmou ter ouvido a voz interior de Jesus Cristo ou uma imagem evangélica. Em outros momentos, sentiu dor e vontade de chorar, acompanhados pela sensação de alívio, libertação e alegria.

Na tentativa de subsidiar as pessoas que coordenam os grupos de oração, em sua tarefa de ajudar os fiéis na melhor forma de conseguir alívio para suas dores, Pedrini (1994, p. 53) instrui aos líderes da RCC sobre alguns procedimentos ao orar pela cura emocional que, segundo esse autor, deve ser precedida, necessariamente, pela oração de perdão. Observe, por exemplo, a lógica motivadora dos passos ensinados pelo autor:

1. Motivar para a necessidade da cura emocional;
2. Criar a melhor presença de Jesus ressuscitado no meio do grupo;
3. Pedir que cada um traga, pela imaginação, a presença da pessoa que o feriu. Se a pessoa que o feriu for falecida, trazê-la viva, ressuscitada;
4. Sugerir que, em silêncio, cada um converse e perdoe a pessoa que o ofendeu. Perdoar fato por fato, ferida por ferida;
5. Pedir que repitam em voz audível as palavras que você dirá. Você fala palavras de perdão e todos repetem;
6. Você ora ao Senhor que cure as feridas do coração de todos os presentes;
7. Pede ao Espírito os frutos do amor, da paz, da alegria e outros (e, por fim);
8. Todos louvam em voz alta pelo lado bom das pessoas perdoadas.

O padre Pedrini (1994), após apresentar esses métodos, indica, logo em seguida, um modelo de oração de cura emocional para que o dirigente possa, com base nele, instruir seus ouvintes no ritual da cura carismática. Coerentemente a esses ensinamentos, quando se refere ao "Seminário de vida no Espírito", a entrevistada Hilda diz que, em um retiro de "Seminário do Espírito", recebeu a "unção do Espírito Santo" e todos os efeitos dessa experiência no grupo de oração[37]. Esses encontros, a

---

37 Esse encontro acontece quando alguns membros-participantes dos grupos de oração semanal são convidados a participar de encontros fechados de dois a três dias ou em uma sequência de dias alternados durante meses, a fim de crescer na doutrina e na vida espiritual.

exemplo de outros direcionados a um público heterogêneo, tais como Cenáculos, Encontrões, Rebanhões e Congressos da RCC, a nível nacional e estadual, favorecem às experiências de curas e libertação, dons de línguas, batismo no Espírito Santo. Nesses encontros, ocorre grande concentração de fé e energias humanas e, por essa razão, motiva-se a sensibilização emocional, favorecendo, frequentemente, o acontecimento da cura milagrosa.

Com base em nossa entrevista pessoal, evidenciamos que esses encontros são divulgados na mídia radiofônica, televisiva e impressa, sempre fazendo menção a determinado pregador de renome nacional e suas ofertas religiosas (com dons de curas e milagres especiais). Esse fato chama à atenção daquelas pessoas cujas necessidades psíquicas-emocionais e físicas; algumas carentes de recursos médicos buscam pela cura ou pelo milagre, quando a medicina, por diversos fatores, não consegue dar soluções plausíveis.

Em relação a esses grandes encontros, a entrevistada Rita, respondendo à pergunta sobre o motivo de ter procurado a RCC, assim se expressa: "Porque quando o exame da biópsia acusou que o nódulo era câncer fiquei muito preocupada e decidi mudar de vida, e no grupo de oração falaram que um pregador muito ungido ia fazer um retiro aqui em Goiânia, aí eu fui".

A criação da casa de apoio Elba A. F. Curado, que visitamos *in loco*, é mantida e assistida espiritualmente pelo grupo de oração "Sagrados Estigmas". Ela é considerada, segundo duas fiéis entrevistadas, uma extensão do trabalho evangelizador do grupo de oração "Sagrados Estigmas", cujos responsáveis são os próprios membros do Núcleo de Serviço do referido grupo. Trata-se de uma casa de apoio às pessoas portadoras de câncer da grande Goiânia e, principalmente, cidades circunvizinhas. Nessa residência, além do tratamento médico convencional público, incentivado pela RCC local, há também o tratamento espiritual, isto é, quando as pessoas portadoras de câncer não podem participar do grupo de oração da Paróquia, alguns servos do Núcleo de Serviço lideram um pequeno grupo nas dependências da casa de apoio: uma extensão do grupo de oração "Sagrados Estigmas". A nosso ver, a partir da contribuição do pensamento de Benson e Stark (Benson; Stark, 1998, p. 164), tal prática pode contribuir para maior segurança à pessoa e, com isso, contribuir para o êxito no tratamento, pois, de acordo com esses autores:

> o Dr. David Speigel e co-trabalhadores da Universidade de Medicina de Stanford e da Universidade da Califórnia, em Berkeley, demonstraram que em uma avaliação realizada dez anos depois do tratamento, as mulheres com câncer de mama que participaram de grupos de apoio viveram dezoito meses a mais, em média, do que as que não participaram. [...] Em outro estudo [...], com pacientes que haviam sido submetidos a cirurgias cardíacas. Mas os que participaram de atividades sociais quan- do recebiam consolo de suas fés religiosas tinham dez vezes mais chance de sobreviver!

As observações, realizadas no campo de nossa investigação, aliadas às informações a nós fornecidas por Benson e Stark, nos possibilitaram perceber que o ritual de cura da Renovação Carismática, carregado de simbologias, ativa e induz a atenção cerebral do indivíduo à fé. Nesses rituais, aparecem canções, símbolos, palavras e gestos, de modo que o corpo passa a ser nutrido à medida que é ativado ou quando são ativadas algumas imagens simbólicas. Nesses encontros, a solidariedade pelos integrantes da comunidade religiosa exerce um envolvimento entre seus participantes, capaz de ativar uma sequência variada de processos biológicos, levando a pessoa a desenvolver uma saúde melhor. De acordo com esses autores, "a história dos estudos epidemiológicos sugere que o apoio social, o senso de pertencer à comunidade e a solidariedade do convívio engendrados pela religião 'servem para amortecer os efeitos adversos do estresse e da ira, talvez através de vias psiconeuroimunológicas' "(1998, p. 163). Além disso, compartilham "uma vida social caracterizada por vínculos que possibilitam maior suporte em situações de estresse e adoecimento" (Stroppa; Moreira-Almeida, 2008, p. 8).

E ainda, a religião, segundo Benson e Stark (1998, p. 164), representa uma importante fonte de socialização, pois, de acordo com um estudo publicado no *American Journal of Epidemiology*:

> em quase setecentos homens e mulheres entre trinta e sessenta e nove anos de idade, no condado de Alameda Country, Califórnia, os pesquisadores descobriram que o isolamento social tinha profundas consequências para a saúde. Elevados graus de relacionamento social estavam consistentemente relacionados com índices mais baixos de mortalidades, sempre que o relacionamento é cultivado por amigos e familiares, por membros do grupo ou envolvimento na igreja.

Em relação à história de Wilma, sua cura fora intermediada pela intervenção da oração do filho (membro ativo da RCC) que, segundo a entrevistada, impôs a mão sobre ela, exercendo, dessa forma, o contato físico que aqui chamamos de "toque terapêutico", conforme comentam Benson e Stark (1998, p. 167). Essa oração de intervenção, mediada pelo toque terapêutico, promove, conforme pesquisas com pacientes hospitalizados, "menos casos de insuficiência cardíaca congestiva, paradas cardíacas e pneumonia e, consequentemente, o consumo de menos diuréticos e antibióticos". Com efeito, nos "casos em que há contato físico, os pacientes podem se beneficiar do que acredito que será finalmente estabelecido cientificamente, isto é, os efeitos curadores do toque humano".

Do ponto de vista religioso, "a imposição das mãos (a cura divina, o exorcismo) traduzem uma comunicação privilegiada e um conhecimento imediato de Deus" (Corten, 1996, p. 133), pois se acredita no batismo no Espírito Santo. Entre as denominações pentecostais, a exemplo da RCC, o batismo no Espírito Santo, quando acompanhado da glossolalia[38], caracteriza-se por uma "sensação

---

38 *Glossa* (gr. Γλῶσσα: língua) e *lalia* (gr. Λαλώ: falar) dom de línguas ou "falar em línguas" é uma forma extraordinária e arcaica de palavras que estão entre uma cadeia de discursos, ou ainda uma forma linguística bastante singular sobre a qual especialistas de todos os gêneros já se debruçaram. É "um tipo de discurso característico de crianças, poetas, esquizofrênicos, espíritas, possuídos, carismáticos" (Corten, 1996, pp. 118-124). Na concepção dos pentecostais carismáticos, o "falar outros idiomas", isto é, glossolalia, passou, no decorrer do tempo a ser também visto como "falar em

emocional" de um encontro ou conhecimento de Deus ou ainda uma experiência mística. Experiência semelhante à descrita por Corten é contada pelas nossas entrevistadas Rita e Katrina, ao afirmarem: "senti um queimor muito forte no meu pescoço e ardendo muito" (Rita). Ou ainda, "eu me coloquei ao pé do altar e olhava para o santíssimo e os anjos vieram e pegaram os nódulos que saiam pela minha boca e meu ouvido, e os nódulos iam desaparecendo" (Katrina).

Walsh, em seu livro *Conduzi meu povo - Manual para líderes carismáticos*, incentiva a oração pela imposição das mãos, pois, segundo ele, há a crença de que "um singular poder existe nessa oração de fé. A imposição de mãos tem bases profundas nas Escrituras e na tradição da Igreja. Incentive as pessoas a usarem-na regularmente" (Walsh, 1987, p. 116).

No milagre descrito por Rita, percebemos que a presença de um milagreiro (*mistagogo*), semelhante a Jesus nos Evangelhos, mobiliza uma parcela de fiéis à procura do milagre. No antigo cristianismo, as mediações para a realização da cura ou do milagre eram motivadas pelas peregrinações aos locais santos (santuários) e, diante da presença das relíquias religiosas. Todavia, com o surgimento dos santuários, as relíquias dos santos assumiram vida própria, pois se passou, no decorrer do tempo, da veneração dos objetos do santo para uma devoção ainda maior, isto é, seu próprio corpo após a morte; "[...] pois os milagres eram vistos como manifestações físicas da presença e do poder contínuos de Deus" (Woodward, 2000, pp. 162-164).

Para melhor compreendermos as experiências de curas descritas pelas nossas entrevistadas, recorremos a Durkheim, que deixa de lado as definições clássicas da religião para considerar as religiões, a partir da sua realidade concreta. De acordo com Durkheim, "a religião só pode ser definida em função das características que estão presentes por toda parte onde há religião", cujo

---

línguas" incompreensíveis [...], não faladas por povos ou nações, isto é, não entendida e limitada ao domínio humano. Trata-se de um "fraseado incompreensível e extático" (Kurzinger, 1971, p. 52).

aspecto sobrenatural é compreendido como "o mundo do mistério, do incognoscível, do incompreensível". Segundo Durkheim (1989, p. 54), a religião é tudo aquilo que escapa à razão e, em conformidade a todas as religiões, reconhece que o mundo é um mistério que precisa de explicação. Por isso, o *homo religiosus* atribuiu a objetos insignificantes virtudes extraordinárias que povoam o universo como princípios singulares e dão ao mundo concepções misteriosas.

Em resposta à pergunta sobre a ocorrência do milagre, "onde, em que momento e como ocorreu", três entrevistadas (Diane, Hilda e Isidore) relatam que suas experiências ocorreram no grupo de oração "Sagrados Estigmas", enquanto as outras quatro (Camille, Katrina, Wilma e Rita) nos disseram, respectivamente, ter recebido a cura milagrosa na casa de apoio Elba Alencastro Curado (Camille). A segunda (Katrina) e a terceira (Wilma), na residência familiar. E, finalmente, a quarta entrevistada (Rita), no Encontro Estadual da RCC. De acordo com as respostas da entrevistada Camille, sua cura ocorreu na casa de apoio Elba Alencastro Curado: "Nas celebrações dos terços, senti Deus me tocando e me curando". A entrevistada Katrina, diferentemente das demais, embora tenha frequentado as reuniões de oração, só obteve a cura em (seu) quarto orando, enquanto assistia à missa pela televisão: "Eu me coloquei ao pé do altar e olhava para o santíssimo, e os anjos vieram e pegaram os nódulos que saíam pela minha boca e pelo meu ouvido, e os nódulos iam desaparecendo". Segundo a entrevistada Wilma, a cura ocorreu: "No momento em que meu filho orou por mim, dois dias antes de fazer a cirurgia e falou que eu fui curada", enquanto que Rita recebeu a cura: "No Encontro Estadual da Renovação, aqui em Goiânia, no momento do louvor quando o pregador Ironi estava orando pela cura".

Em outros casos, quando o ministério de cura e libertação do pregador da RCC é reconhecido nacionalmente, a tendência é que o fiel fique imbuído de uma fé expectante, isto é, acredita que o milagre da cura acontecerá por intervenção do pregador-milagreiro, principalmente porque, segundo Rita: "[...] no grupo de oração falaram que um pregador muito ungido ia fazer um retiro aqui em Goiânia, aí eu fui". Afirmam as mulheres entrevistadas que, algumas vezes, o pregador-milagreiro impõe a mão, de forma individual, sobre o enfermo; outras, a oração abrange toda a assembleia, cuja referência busca atingir a todos os participantes do encontro: "[...] no momento do louvor quando o Ironi estava orando pela cura, senti um queimor muito forte no meu pescoço e ardendo muito" (Rita).

Na literatura aos fiéis carismáticos, Ironi, pregador-leigo da RCC, relata em uma das suas curas que não conhecia em detalhes os problemas de uma mulher, entre os participantes da assembleia de fiéis. No encontro, através de uma voz interior, que o pregador atribui à ação do Espírito Santo, e é proclamada para a assembleia, foi direcionada à referida mulher e ela foi a última pessoa a ser curada milagrosamente naquele encontro. Depois de algum tempo, após o anúncio de cura, a mulher procurou o médico que, inclusive, foi o que havia feito sua cirurgia e, respaldado em novos exames, informou-lhe que seus órgãos (o estômago, a vesícula, o baço e parte do pâncreas), retirados em cirurgia, estavam todos novamente em seus devidos lugares. Segundo Ironi, recordando o relato da mulher, assim se expressou o médico com voz vacilante: "Senhora, simplesmente não sei explicar o que aconteceu... a senhora tem um estômago novinho aqui... todos os órgãos estão aqui direitinho inclusive aqueles que eu havia retirado. E não há mais câncer algum!" (Casagrande; Spuldaro, 2006, pp. 60-61).

Segundo as pessoas entrevistadas, nos espaços e momentos de oração (unção espiritual e adoração sacramental), o milagre pode acontecer, e com maior frequência nos grandes encontros da RCC. Nesses casos, o milagre é percebido e divulgado pelas palavras do milagreiro (seja um pregador leigo ou um padre). Esses momentos são especiais, "apocalípticos e místicos", de fé, do olhar do fiel para a hóstia consagrada ou do lançar-se no espírito, mediante o uso dos carismas, da oração de línguas e reconhecer-se criatura. A partir da narrativa de nossa entrevistada Rita, percebemos que há nesses atos a percepção, por parte do fiel, de sua nulidade e dependência do Sagrado, conforme descrito por Otto (1985).

Afirmam as pessoas entrevistadas que, no momento do encontro com o Sagrado, os milagres são mais evidenciados. Sob o ponto de vista dessas pessoas, a experiência com o Sagrado e com a cura se confundem, pois são muito semelhantes. Os milagres (sejam eles de cura física, psíquica ou emocional) são sinais da presença do Sagrado. Eles se tornam perceptíveis através das emoções pessoais e individuais dos fiéis ou pelas intuições do pregador-milagreiro.

Pelas afirmações das fiéis, acima apresentadas, deduzimos que, pelo fato de se sentirem curadas após a experiência do milagre, são motivadas a uma nova posição tanto frente ao Sagrado como à sua vida social e familiar. Desse modo, diante das crises existenciais do ser humano, a RCC fornece, em seus momentos oracionais, aos seus fiéis, o restabelecimento da saúde e alívio aos seus problemas existenciais (doenças incuráveis), aos quais, algumas vezes, a ciência médica não consegue, *per si*, dar respostas seguras.

Assim, o milagre apresenta-se, para os participantes da RCC como solução, em uma situação desesperada de indivíduos com doenças cancerígenas. Para que ocorra, basta apenas acreditar que é possível, que eles "não são do domínio de uma história passada, mas fazem parte do presente" (Corten, 1999, p. 148). Além do mais, Segundo Eliade (2001), a manifestação do Sagrado, as hierofanias e teofanias podem continuar acontecendo em diferentes espaços. Por exemplo, a religião católica desenvolveu, no decorrer do tempo, o culto à hóstia consagrada, no qual o Sagrado se deixa ser tocado, mas Ele também é percebido no pneuma que se expressa através dos carismas espirituais, no dom de fazer milagres de curas nos objetos (hóstia) e no pregador-milagreiro.

Essa concepção, sob o ponto de vista fenomenológico, pode ser entendida como hierofania (que) "revela algo que já não é nem pedra, nem árvore, mas o Sagrado, o *ganz andere*". A percepção física só é possível pela fé, pelo olhar do fiel, de sua experiência sentimental "diante do mesmo ato misterioso: a manifestação de algo 'de ordem diferente' – de uma realidade que não pertence ao nosso mundo – em objetos que fazem parte integrante do nosso mundo 'natural', profano" (Eliade, 2001, pp. 17-18).

Em suma, ao experimentar a força e "a efervescência do sentimento do mirum[39]", o fiel se vê em "caminhos que levam ao milagre" (Otto, 1985, p. 62). Logo, ao experimentar esse contato com o Sagrado, o homem passa por uma mudança ou transformação interior, do estado de anomia para nomia, o que nos possibilita afirmarmos que a RCC exerce, na experiência com o Sagrado, a função social de promotora do bem-estar e saúde ao ser humano (Bourdieu, 1999).

3.4 A experiência da cura milagrosa na RCC: integração entre fé e razão

Sobre a experiência da cura das doenças enfrentadas pelas participantes de nossa pesquisa, percebemos que há uma integração entre fé (milagre) e razão (medicina formal) porque, ao buscar o tratamento espiritual na RCC, nenhuma das entrevistadas abandonou ou foi orientada por membro do grupo de oração "Sagrados Estigmas", a abandonar o tratamento médico hospitalar. Por outro lado, embora Isidore considere que sua doença fosse curável também pela medicina convencional, e, por essa razão, afirma, na pergunta sobre o causador do milagre[40] que: "Deus, a medicina e sua fé" são os causadores do milagre, há, notadamente, a percepção de que Deus, juntamente com a medicina e o recurso da sua própria fé, foram colaboradores no processo de cura da sua doença. Entretanto, na pergunta na qual[41] se questiona se a cura fora obtida com auxílio da medicina, a resposta foi, categoricamente negativa,

---

39 O mistério ou sentimento do mirum está fora do domínio das coisas habituais, compreensíveis e por nós conhecidas. E justamente porque ele contraria a ordem normal das coisas que nos enche de surpresa e nos emudece.
40 Quem você atribui como causador do milagre em sua vida?
41 Obteve a cura com auxílio da medicina? Por quê?

afirmando, apesar de certa incoerência com as outras respostas: "Não. Eu tenho certeza que minha (cura) veio através de Deus e minhas orações e (de) toda (a) comunidade".

Ao descrever o milagre e/ou a cura, a entrevistada Camille responde que seu câncer, situado na rinofaringe, é considerado hereditário e que procurou médico e fez o tratamento alopático e espiritual ao mesmo tempo, pois: "Desde 2003 eu sinto dor e faço tratamento contínuo com medicamentos". Segundo a entrevistada, apesar de ter procurado o médico, foi justamente, quando se mudou para o setor em que está localizada a Igreja e começou a participar de algumas reuniões do grupo de oração "Sagrados Estigmas" da RCC que obteve realmente a cura: "Logo fiz o seminário I, no qual recebi a unção do Espírito Santo, caí[42] e perseverei no grupo".

Conforme as pessoas entrevistadas, a experiência com o milagre está associada automaticamente à "unção" ou ao "batismo" do Espírito Santo. Segundo a entrevistada Diane, sua procura pelo movimento se deu: "Devido às dores que sinto em minha alma. E assistir só à missa (tradicional[43]) não me satisfazia mais, a minha alma busca sempre mais".

Nesse caso, podemos inferir que buscar a cura é realizar, na experiência religiosa, um encontro com o Sagrado, a partir de situações anômicas concretas da vida. É a atitude mais coerente para essas mulheres que, desenganadas pela medicina tradicional, afirmam encontrar na RCC, não só alívio imediato aos seus problemas, mas, sobretudo, a redenção, salvação e expiação do mal (doença), considerado incurável e, portanto, maligno, mortal.

A doença é percebida por elas como algo horrendo, que pode pôr fim à trajetória humana nessa terra. Nesse sentido, nossa análise parte da concepção sociológica do mal, isto é, da doença. O mal, para

---

[42] A ação de cair, citada aqui, pela entrevistada, está relacionado à *performance* do Repouso no Espírito.
[43] A missa tradicional resume-se àquela sem nenhuma inovação (cânticos, orações em línguas, louvores etc.) própria dos padres que aderiram ao Movimento da RCC e, por isso, tendenciosamente adicionam esses elementos do culto carismático às celebrações litúrgicas.

Weber (1991), é tudo aquilo que impede o ser humano de viver bem neste mundo e também no além. Aliás, o grande mal é a morte, pois ela atrapalha o "viver e viver bem" neste plano. A definição de mal, segundo o autor, vai depender, portanto, de quem está no poder. Em outras palavras, o mal e seu responsável dependerão de qual teodiceia se fala e se vive.

O ritual de passagem, ou seja, o Batismo no Espírito Santo é considerado o ponto culminante da Renovação Carismática porque, de acordo com Prandi (1997, p. 37), "ser batizado no Espírito Santo é rito, marca e graça". No espaço empírico observado, esse ritual consiste em uma oração que, no grupo de oração, nas orações comunitárias, nos Encontrões, nos Cenáculos e nos Rebanhões, pedindo a Jesus que envie Seu Espírito para dentro dos fiéis, renovando-os e transformando-os em novas criaturas. Nesse momento, utilizam-se da imposição das mãos. Afirmam as pessoas entrevistadas que somente aquele que se abre aos dons do Espírito Santo e começa a orar em línguas[44] são verdadeiramente batizados. Nesse contexto, afirmam os fiéis que quanto mais eles se esforçam por adquirir o batismo no Espírito Santo, mais se aproximam intimamente, pela fé, de Jesus. Segundo a afirmação de nossa entrevistada Katrina, essa experiência desperta no fiel sentimentos de infinitude, êxtase e a sensação de comunhão com os demais fiéis participantes. A experiência com o Sagrado leva o fiel à "certeza que Deus havia me curado fosse qual fosse o diagnóstico dos médicos, Ele não só me curou fisicamente, mas espiritualmente, emocionalmente".

---

44 Há uma diferença em falar em línguas e orar em línguas. Na compreensão da RCC, o dom de orar em línguas está limitado a simples orações em uma língua não vernacular, enquanto o dom de falar em línguas estranhas (glossolalia), além de proferir enunciados incompreensíveis da língua não vernacular, acontece também em proferir termos, expressões, enunciados compreensíveis em quaisquer línguas vernaculares, somente àquele que tem o dom de "interpretação das línguas", tanto em seu aspecto não vernacular como vernacular. Nesse caso, não é prerrogativa que o intérprete tenha o conhecimento linguístico de outra ou demais línguas vernaculares, mas que tenha o "dom da interpretação". A oração em línguas é, portanto, considerada, entre os demais dons (carismas) do Espírito Santo, o primeiro, isto é, a porta de entrada para os demais dons carismáticos: oração em línguas, falar em línguas, interpretação de línguas, ciências (ou palavra de ciência, ou palavra de conhecimento), profecia, sabedoria (ou palavra de sabedoria), cura, fé, milagres e discernimento dos espíritos.

Assim afirma a entrevistada Katrina: "Eu fui tomada[45] por uma força que hoje sei que era a mão de Deus a me proteger. Hoje eu sou evangelizadora e participo do núcleo de oração e faço prece pela cura das pessoas. Tenho orgulho do que faço, sou muito feliz".

No Brasil, o Dr. Roque Savioli, adepto da Renovação Carismática do Estado de São Paulo, relata casos de milagres entre seus pacientes no livro *Milagres que a medicina não contou*. Para ele, a oração do médico e paciente surte grande efeito no tratamento das doenças do coração porque o mecanismo da fé desencadeia "a manifestação do poder curativo de Deus". Todavia, "para desencadear esse processo de autossugestão, há necessidade de participação de nossa vontade. Nesse caso, usando nosso direito de livre-arbítrio dado por Deus". Segundo esse autor:

> *Pesquisadores de respeito demonstraram, em estudos de neurofisiologia, a existência no sistema nervoso central de um centro da fé. Essa região estaria localizada em áreas contíguas àquelas que regulam toda a defesa do organismo, de modo que estímulos de fé acionariam todas as áreas da defesa orgânica. Assim, a prática da fé liberaria substâncias que estimulariam as células da defesa do organismo, combatendo as doenças* (Saviolli, 2004, p. 23).

A partir dos depoimentos das pessoas entrevistadas, podemos inferir que a RCC, em suas práticas religiosas, oferece a cura para diferentes males, pois, segundo Katrina: "Eu procurava algo que não encontrava nas coisas nem nas pessoas. No coração do homem existe um vazio que só pode ser preenchido por Deus".

O fato de perceber-se como curadas, através de milagres, leva as pessoas entrevistadas a assumir compromissos sociais, ao

---

45 Os membros da RCC utilizam essa expressão para descrever a sensação que se têm de ser tomados por Deus ou quando, literalmente, caem no chão. Conforme observamos, isso ocorre em ocasiões específicas, raramente nos encontros semanais de oração e mais frequentemente nos encontros fora do grupo de oração, ou seja, nos eventos fechados e com número menor de pessoas. Em um dos encontros estaduais de que participamos, o pregador-curandeiro Ironi Spuldaro ora pela cura da assembleia e, após a oração, assopra no microfone sugerindo o vento do Espírito Santo, mobilizando uma *performance*, na qual as pessoas caem, literalmente, no chão ou sentam-se em estado de êxtase ou adormecidas.

contrário do que sempre se pensou, no universo de ações práticas realizadas pelos membros da RCC. Quem recebe essas ações são pessoas que ainda estão em processo de cura cancerígena, como é o caso relatado pelas entrevistadas Camille e Isidore, que não residem no mesmo setor do grupo de oração, mas em cidades circunvizinhas. Elas foram recebidas na Casa de Apoio Elba Alencastro Fleury Curado (mantida pela Associação Sagrados Estigmas do grupo de oração "Sagrados Estigmas") para portadores de doenças cancerígenas dos próprios membros desse grupo. Conforme relataram as entrevistadas, foram curadas a partir das orações dos membros responsáveis pela condução dessa casa de apoio social.

A nosso ver, não podemos considerar que o fator religioso opere isoladamente de outros fatores, tais como o tratamento médico, mas que eles, na contemporaneidade, aproximam-se e mantêm uma dialética contínua com as questões práticas da vida social. Na verdade, como afirma Steil (2001, p. 125), nesses fenômenos: "entrelaçam elementos de tradições milenares e contemporâneos com filosofias e 'verdades' produzidas pela reflexão humana e a elaboração científica". Desse modo, nossa pesquisa revela que a RCC se apresenta como um espaço congregador entre fé e razão, entre religião e medicina.

Nesse mesmo diapasão — apesar dessa integração não se apresentar formalmente —, nenhuma das pessoas entrevistadas abandonou o tratamento médico formal por estar participando das reuniões de orações e buscando a cura no universo da RCC. Pelo contrário, duas (Camille e Isidore) foram acolhidas em uma casa de apoio para o tratamento médico-secular. Na visão das entrevistadas, a cura se deve também aos serviços médicos, embora essa afirmação não diminua, de maneira alguma, a importância da ação do Sagrado (Espírito Santo). Por outro lado, apesar de duas entrevistadas (Camille e Rita) responderem que obtiveram a cura com o auxílio da medicina e, contrariamente, afirmarem, ao mesmo tempo, que o causador do milagre em sua vida foram, concomitantemente, Deus e a medicina, a entrevistada Isidore, por sua vez, não alega que tenha recebido a cura por meios médicos (embora tenha procurado esse recurso), mas atribui a cura a "Deus, à medicina e à sua fé". Desse modo, podemos afirmar que a parceria entre Deus e a medicina, isto é, fé e razão, encontra-se evidente nas três respostas. Todavia, a atribuição "somente Deus" como causador do milagre aparece quatro vezes também sozinha nas respostas das entrevistadas Diane, Katrina, Rita e Wilma, enquanto que o termo Deus se repete juntamente com os termos medicina e fé nas respostas das entrevistadas Hilda (Deus e sua fé), Camille (Deus e a medicina) e Isidore (Deus, a medicina e sua fé).

De acordo com nossas entrevistadas, o Sagrado (Deus) é o promotor do milagre e o corpo do fiel, análogo aos corpos incorruptíveis dos santos católicos tradicionais, é o *locus miraculorum*. É evidente que o paciente-fiel ou o fiel-paciente é, certamente, auxiliado pela medicina e, acima de tudo, pela fé, pois é, para ele, a mola propulsora para que os milagres aconteçam, pois a expectativa do auxílio divino atua da mesma forma que a expectativa em relação a algum medicamento ou quaisquer procedimentos ou cuidado humano. Em termos de ilustração:

> *A mera crença de que a religião ou Deus faz bem à saúde pode ser suficiente para produzir efeitos salutares. Isto é, associações significativas entre dimensões religiosas e saúde... podem apresentar evidências análogas ao efeito placebo. Várias escrituras prometem saúde e cura pela fé e os efeitos fisiológicos de crenças expectantes como essas estão sendo agora documentadas por pesquisadores do corpo e da mente* (Benson; Stark, 1998, p. 144).

Ao perguntarmos às entrevistadas sobre a sensação ao obter o milagre em suas vidas, as respostas revelam-nos, respectivamente, um "ser sobrenatural todo-poderoso", que "nos vê", "cuida de nós" e que, constantemente, "está presente" e, que "vem", "abaixa-se à nossa realidade", esteja onde estiver, "em socorro às necessidades e aos sofrimentos de seus filhos, curando-os", principalmente "[...] quando a gente não tem mais como resolver nossos problemas com o médico, então Deus vem e nos cura" (Rita). O milagre é, pois, definido pela maioria como "uma cura que os médicos não podem fazer e só Deus pode, porque para Deus nada é impossível. Tudo é possível; quando a gente crê em Deus Ele ouve as nossas orações e nunca abandona seus filhos" (Wilma), pois, de acordo com Diane: "O milagre para mim é saber que tudo nós podemos ao lado do Senhor. Não existe outro caminho". "Significa que temos um Deus que nos vê, que sabe de nossas necessidades, sofrimentos e dores, e que na pessoa de Jesus Cristo está vivo entre nós; nos cura e nos liberta quando a Ele recorremos" (Hilda). "Deus está sempre perto da gente; nós que não percebemos que é só confiar e ter fé que conseguimos vencer a batalha" (Camille). "A presença de Deus (é) constante em minha vida e agora sei que sou chamada a evangelizar, a levar as boas sementes aos descrentes" (Isidore). Enfim, "significa que eu tenho um Deus que cuida de mim, me conhece, me ama, me conhece pelo nome" (Katrina).

Fica claro, portanto, que na visão do curado, Deus é o todo-poderoso e que é o único que pode, de forma sobrenatural, realizar a cura das doenças incuráveis, e, por isso, ao ser comparado com a medicina, ocupa sempre o primeiro lugar. Para as demais entrevistadas, a cura do câncer, uma parceria da religião e medicina, só poderá acontecer através do Espírito Santo; ou seja, origina-se de Deus: "Deus em primeiro lugar, só Ele pode tirar coisas que o mundo nos traz e lava-nos de todo mal causado por pessoas ruins" (Camille). Para Isidore: "Somente Deus pode curar", embora saibamos que "[...] Deus pode dar pro homem inteligência, mas quando ele não consegue resolver, somente Deus pode porque Ele é o Deus do impossível" (Rita).

Reiteramos que, para a maioria das entrevistadas, no processo da realização da cura, torna-se necessário o fator fé. Em alguns casos, a fé deve estar aliada à medicina e, em outros, somente a fé como recurso de salvação, basta: "Só Deus pode, mas a pessoa tem que ter fé porque sem fé é impossível agradar a Deus" (Wilma).

Há, portanto, um reconhecimento de que, "nesse mundo vão sempre existir problemas curáveis ou incuráveis, mas fica a certeza que para Deus nada é impossível" (Katrina).

Ao responderem a pergunta sobre quem pode resolver os problemas de doenças consideradas incuráveis, as entrevistadas foram unânimes em dizer que somente Deus poderia curar. Todavia, esse Deus que cura, que consola e que santifica revela-se na pessoa do Espírito Santo, pois "as doenças incuráveis podem ser curadas no Espírito Santo" (Diane). Por outro lado, conforme evidenciou as respostas de Camille (Deus e a medicina) e Isidore (Deus, a medicina e sua fé), o fator Deus, fé e medicina podem, certamente, caminhar juntos, principalmente quando se leva em consideração que: "O Espírito Santo pode iluminar os médicos, os cientistas e o doente. Deus na sua bondade e misericórdia infinita pode curar doenças incuráveis e a fé do doente" (Hilda) porque foi Ele quem "me curou porque eu acreditei, tive fé Nele" (Wilma). As demais entrevistadas responderam que somente Deus pode lhes curar sem, contudo, mencionar o fator fé, embora saibamos que o fator fé esteja, de certa forma, implícito em suas respostas. As respostas de Hilda (Deus e sua fé), Isidore (Deus, a medicina e sua fé) e Wilma (Deus me curou porque eu acreditei, tive fé Nele) sinalizam que há um sensível relacionamento entre a fé do paciente no tratamento das doenças em geral e a medicina ou práticas médicas.

Percebemos que há uma via de mão dupla entre a religião e a medicina. Tanto a religião quanto a medicina se beneficiam das influências que exercem mutuamente uma sobre a outra. Dessa forma, fé e saber, religião e medicina, Deus e o médico estão intimamente ligados e não se excluem, mas, ao contrário, complementam-se.

No campo da saúde, por exemplo, os médicos estão percebendo que a fé, seja em qualquer credo religioso, pode proporcionar benefícios extraordinários na recuperação de seus pacientes. Em seu livro *Deus, fé e saúde*, Levin (2001), ao mostrar que o significado espiritual afeta significativamente a saúde, demonstra-nos que a influência dos fatores religiosos e espirituais na saúde tem a ver com o significado que cada ser humano precisa adquirir na vida. Segundo Levin (2001, p. 11):

> Quando os leigos e profissionais descobrem o impacto dessas medidas sobre a saúde, eles podem começar a considerá-las como o item mais recente do arsenal médico. Vista dessa maneira, a prece torna-se meramente a aspirina mais recente ou a mais nova penicilina. Em minha opinião, a prece e as práticas espirituais causam benefícios muito maiores do que apenas melhorar a saúde física. Elas são nossa ponte para o Absoluto, qualquer que seja o nome que lhe demos – Deus, Deusa, Alá, Universo, Tão. A meu ver, esse benefício da religião ofusca qualquer vantagem física que possa ocasionar.

Nesse sentido, no mundo contemporâneo, o antigo embate entre religião e medicina deixa de existir, pois Deus (independentemente do credo religioso) é invocado sempre que o paciente busca por algum recurso médico. Quando esse recurso demonstra-se ineficaz, o paciente-fiel ou o fiel-paciente, na maioria das vezes, não o despreza, mas busca, paralelamente ao tratamento médico convencional, no sobrenatural — sem que, necessariamente, seja no espaço físico de uma igreja —, a cura para sua doença que tende a limitar o percurso de sua vida terrena. Pelo que percebemos no grupo específico das mulheres que entrevistamos, elas afirmam que encontraram respostas às suas angústias pessoais, isto é, à doença cancerígena, e, quando encontraram, foram motivadas dentro do grupo de oração "Sagrados Estigmas", a dar testemunho, relatar a cura ou o milagre que lhes ocorreu. De fato, nessas circunstâncias, o milagre é o objeto concreto que o paciente-fiel ou fiel-paciente busca na experiência religiosa quando somente os meios convencionais não foram, suficientemente, capazes de dar respostas significativas a sua vida.

3.5 A necessidade da re/aproximação da fé e razão, da religião e medicina

Conforme afirma Bauman (1998, p. 226), presenciamos, atualmente, uma forma moderna de religião que se insere no jeito pós-moderno de ver o mundo, mas que revela também "a insuficiência do homem e a futilidade dos sonhos de ter o destino humano sob o controle do homem". Para o autor, as reformas racionalizadoras e os desenvolvimentos tecnológicos têm levado o homem à autossuficiência, à autoconfiança e a escolhas nunca satisfatórias ou a "certa" experiência "amarga" de liberdade.

Por outro lado, afirma Bauman (1998) que o fundamentalismo religioso procura retirar a consciência de onipotência do indivíduo, responsabilidade imposta pela cultura pós-moderna. O fundamentalismo, presente nas religiões pentecostais e nas neopentecostais é capaz de revelar, com base em sua visão de mundo, os males da sociedade em crise e contar com uma clientela cada vez maior. No Brasil, ainda é arriscado dizer que essas igrejas são fundamentalistas, tanto do lado evangélico, cuja percepção é mais visível, quanto do lado católico, não tão perceptível assim. Talvez o termo mais adequado seja conservadorismo, principalmente quando um grupo de fiéis adere aos princípios defendidos pelas alianças de suas instituições eclesiásticas, apesar de sua proximidade com o fundamentalismo. No contexto brasileiro católico, em vez de fundamentalismo, chamamos de conservadorismo. Quando as instituições religiosas oferecem determinadas respostas às perguntas ou situações cada vez mais genuínas ou ainda mais complexas, a exemplo da não solução de algumas doenças incuráveis pela medicina convencional, o indivíduo, em estado de crise ou conflito interior, tende a "valorizar crenças religiosas tradicionais" (Giddens, 2005, p. 38).

Para a entrevistada Diane, cuja doença é atribuída às pessoas, a sociedade é quem se personaliza como mal porque antes do milagre julgava-se: "Muito voltada para a sociedade, coisas materiais e pessoas as quais me usavam, devido a minha bondade" e, após o milagre, teve a sensação de: "Muita liberdade, de servir a Deus e ser grata por tudo".

Na perspectiva de Rouanet (1993, p. 96), o mal-estar da Modernidade é caracterizado por uma sensação de frustração e culpa, isto é, "o ressentimento contra a civilização é uma consequência lógica desse mal-estar". Por isso:

> *O individualismo significa uma ruptura com as antigas cosmovisões, em que o homem só valia como parte do coletivo - o clã, a tribo, a polis, o feudo -, e a transição para uma ética e uma nova política, descentrada, liberta do coletivo, em que o homem vale por si mesmo, e não pelo estatuto que a comunidade lhe outorga. Esse individualismo não era atomístico, porque a autonomia dos sujeitos pressupunha a autoimposição de limites, que tornassem possível a intersubjetividade e a realização cooperativa de objetivos comuns. Emancipar implicava individualizar, desprender o homem das malhas do todo social.*

Segundo Rouanet (1993, pp. 97-103): "a religião é uma forma fantasmagórica de proteger o indivíduo dos perigos da natureza, da implacabilidade da morte, dos sofrimentos impostos pela vida social. Ela minora o infortúnio terrestre e promete no paraíso uma beatitude compensatória. Na ótica, tornando-a mais coercitiva e facilitando assim a coesão e a harmonia social".

Em outras palavras, a religião exerce sua função terapêutica, enquanto promotora de nomia social frente ao mundo globalizado, cujas fronteiras culturais passam a ser rompidas e na qual o mal, nesse caso, é identificado como um estado doentio, isto é, personalizado na própria doença incurável. Desse modo, para nossas entrevistadas, esse mal ou estado doentio quando não pode ser explicado/solucionado, somente pelos métodos objetivos do campo científico da medicina, podem ser, somados àqueles subjetivos/sobrenaturais do campo da fé.

Na percepção da entrevistada Katrina, o causador de sua doença é ela mesma: "Tenho um corpo que pode adoecer". De acordo com sua narrativa, antes se considerava sem liberdade, oprimida e sem nenhum relacionamento com o outro e a experiência com o milagre trouxe-lhe consequências significativas para o processo de mudança interior. Observemos, pois, o quadro abaixo:

	Antes	Após
Katrina	Sentia que era presa, oprimida, cheia de medos, insegura, muito sofrida e carente.	O Senhor Jesus transformou e curou também minha vida. Hoje sou livre em todos os sentidos, pude experimentar profundamente o amor de Deus, e hoje amar o irmão sem esperar nada em troca.

Essa narrativa pode ser entendida à luz da afirmação de Gaspar (2009, s/p), para quem atualmente, na psicologia, constata-se que, nas doenças psicossomáticas[46]: "surgem mais evidências de que corpo e alma estão tão estreitamente ligados e que aquilo que afeta um, acaba afetando também o outro".

E em alguns casos, os médicos afirmam que diversos tipos de câncer, ou seja, tumores malignos formados por células alteradas, podem se disseminar formando novos tumores quando associados a uma série de fatores que contribuem para que eles se desenvolvam. Esses fatores, a depender do tipo de câncer, podem ser genéticos e ambientais (produtos químicos e radiações). De acordo com Gaspar (2009, s/d): "O sistema imunológico é capaz de reconhecer e de combater as células mutantes do tumor. Nos casos de depressão há uma diminuição acentuada da imunidade, que predispõe a infecções diversas e, em alguns casos, à proliferação de células alteradas. Assim, não podemos dizer que a depressão seja a

---

46   Doenças psicossomáticas são manifestações orgânicas que podem ser causadas ou cujos sintomas podem ser agravados por aspectos psíquicos (mental/emocional). A medicina psicossomática busca estudar os transtornos corporais cujo enfoque psicológico proporciona uma informação de alto valor etiológico. Ela "não estuda somente a causalidade, mas também a condicionalidade psíquica das doenças" (Paiva; Silva, 1994, p. 4).

causa, mas sim, que pode ser um dos fatores que favorecem o crescimento e a disseminação do tumor".

De fato, o câncer provoca medo, desequilíbrio, anomia, nada diferente do passado porque, apesar de certos casos poderem atualmente ser curados, ainda ele está associado, em muitas representações à morte, exatamente como ocorria com "as epidemias no passado", sendo, por isso, considerado um "flagelo moderno", protótipo de uma doença de nossos dias, "uma doença individual, não transmissível; alguns tipos de câncer podem ter uma evolução rápida mas, na maioria dos casos, é uma doença de curso prolongado; ele se caracteriza, enfim, pelos enormes investimentos médicos que exige" (Adam; Herzlich, 2001, p. 26).

Nessa perspectiva, Catalan (199, p. 138) esclarece-nos que:

> *pesquisas feitas nos últimos anos no campo da medicina psicossomática são esclarecedoras a respeito. Mais do que fizeram a medicina e a psiquiatria clássicas nos séculos precedentes, tais pesquisas revelam, ao mesmo tempo, a unidade e a complexidade do sujeito humano. Hoje sabemos até que ponto as reações afetivas, sobretudo as inconscientes, podem influir sobre a condição física. [...] não há porque se surpreender com a constatação de que certas transformações de ordem psicológica (e eventualmente espiritual) possam engendrar, pelo menos em certos casos, efeitos físicos que resultam na melhoria do estado doente, quando não em sua cura. No ser humano, uma coisa vai sempre com outra.*

Como entender a postura da medicina ao considerarmos a busca pela cura do câncer no universo da RCC? A nosso ver, o sentimento de positividade evidenciado pelas pessoas que buscam e afirmam receber curas na RCC, se entende à luz da força dos mitos que lhe servem de base. Na perspectiva de Rolim (1985, p. 225), além do mito original do capítulo 2, dos Atos dos Apóstolos e da Segunda Carta de Paulo aos Coríntios, que serve como alimentador da utopia e ideologia do pentecostalismo, o próprio grupo em si se constitui em um mito. Nele, os adeptos encontram-se:

> *Tão convictos da segurança que sentem em sua igreja, que se torna para eles o único espaço de manifestação do Espírito. [...] Isso tem importância, pois destaca um modo de percepção existencial, portanto implicando uma certa experiência, uma vivência, o que no caso do mito do grupo traz a ideia de que é apreendido existencialmente, como uma realidade acima de seus componentes e distintas deles.*

Em outras palavras, os fiéis "produzem um imaginário sob cuja influência experimentam simultaneamente o aspecto de proteção e de exigência do grupo. Proteção, porque de um lado, a crença no Espírito Santo é a crença no poder divino absoluto, e por outro lado, o grupo é percebido como o espaço por excelência da manifestação deste poder, no qual se "reproduz e se reatualiza" a manifestação primitiva desse mesmo Espírito" (Rolim, 1985, p. 226).

Nos casos analisados neste livro, busca-se, na Renovação Carismática, a salvação da doença (câncer) incurável que, frequentemente, leva à morte. De fato, busca-se a salvação da morte, pois a doença impede a vida plena tanto nesse mundo quanto no além. O mal, relativo à doença, se absolutiza na "morte que atrapalha o viver muito" e "viver muito bem". Ao procurarem, na RCC, a salvação da morte, nossas entrevistadas resgatam a autoestima, o bem-estar, o relacionamento interpessoal, o sentimento de pertencimento a um grupo social que, consequentemente, desencadeará no bem-estar promovido pela cura física ou psicoespiritual (interpretada como milagre pelas entrevistadas) dos diversos males que angustiam o ser humano.

Ao questionarmos sobre onde, em que momento e como ocorreu o milagre, procuramos fazer a correlação com a pergunta sobre como era a vida antes e após o milagre, as respostas sinalizam qual foi a sensação que o milagre lhes causou no momento da cura milagrosa. Em seu testemunho, afirma Diane que o contato com o Espírito Santo trouxe-lhe ao coração um grande sentimento ou "sensação de paz e amor", expurgando, de fato, sentimentos de "dores que (antes da experiência) sentia em sua alma". Essa sensação de sentir-se "amada por Deus" (Diane) e/ou "amada por todos" (Camille) costuma reverter as situações anômicas, descritas pelas fiéis-pacientes, em sua experiência com o milagre, tais como sentimentos de desamor a si mesmo, sentir-se desamada, abandonada, sozinha, desamparada, descuidada emocionalmente. Isso explica outros sentimentos, tais como, "vontade de chorar e alegria ao mesmo tempo".

Por seu turno, segundo afirmam os sujeitos de nossa investigação, é Deus que vem ao seu encontro e lhes retira suas dores, tristezas, decepções, acolhendo e curando com sua mão poderosa. Em outras palavras, Jesus e o Espírito Santo revelam-se personalizado na pessoa de Deus, o qual como um pai, assume todas as características de protetor, defensor, mas, acima de tudo, apresenta-se também como a Divindade capaz de sanar todos os diversos males ou as situações adversas (anômicas) pelas quais passam (passaram) nossas entrevistadas, cujas respostas não conseguem, de imediato, da sociedade onde estão inseridas. Para a segunda entrevistada, Hilda, a experiência com o Sagrado, repleta de simbologia, fez com que ela visse "sair uma fumaça azul atrás da Imaculada Virgem Maria, e aconteceu uma revelação profética durante uma missa: Que Jesus sempre esteve comigo, a experiência com o Espírito Santo agindo em mim, e uma grande esperança quando senti a cura dos meus joelhos, quando foi proclamado (pelo pregador) que Jesus estava curando o joelho de uma mulher".

A ação poderosa do Sagrado, na visão de Camille, fez com que ela sentisse a "unção do Espírito Santo" e, por isso, caiu. Cair, conforme a linguagem carismática, significa, em outras palavras, "repousar no Espírito". Sua experiência é descrita como "a sensação de ser amada por todos e aprendi que a vida não é só feita de bens materiais". Identificamos o mesmo sentimento em Isidore, cuja percepção emocional é também: "De amada por Deus, de sentir que Deus parou para atender meu pedido de cura". Na cosmovisão dessas entrevistadas, Deus, por mais ocupado que esteja em sua realidade celestial, vem ao socorro dos seus devotos, dos seus filhos necessitados, em estado de caos, de desordem, porque se preocupa com eles. Nesse sentido, Deus deixa seu lugar de origem e se revela espiritualmente aos seus filhos, a fim de curá-los de seus males, isto é, de resgatá-los das influências maléficas de Satanás.

Vattimo (2002) mostra-nos, sob a perspectiva filosófica da religião, que "Deus não morreu" e que as desconstruções das metanarrativas fizeram com que o pluralismo moderno nos permitisse reencontrar a fé. Isto é, com a morte do Deus da metafísica e da escolástica medieval, abriu-se, pois, espaço ao Deus da Bíblia que se revela mais vivo que outrora e que a ciência não dá conta de explicar porque a religiosidade contemporânea se revela, em essencial, como religião do espírito. Daí, a necessidade atual de uma reelaboração da autocompreensão e sua compreensão do Sagrado e do mundo.

No atual contexto em que vivemos, conforme salienta Derrida (2000, pp. 85-86), "fé e saber" são considerados duas fontes ou vertentes distintas da religião. Na primeira, a religião é vista como mero culto, onde a fé se evidencia; na segunda, dá-se ênfase à religião em seu aspecto moral, em que a razão é quem predomina. Por outro lado, "a experiência do testemunho situa uma confluência dessas duas fontes: o indene (salvo, sagrado ou santo) e o fiduciário (fiabilidade, fidelidade, crédito, crença ou fé, 'boa-fé' implicada, inclusive, na pior 'má-fé')". À luz do pensamento de Cortem, observamos a indagação e resposta acerca da funcionalidade do milagre: Mas, então, para que serve o milagre? O milagre serve para fazer obedecer. Hobbes (1996, p. 149) prossegue: "Pertence, além disso, à natureza do milagre ser operado em vista de dar crédito aos mensageiros, ministros e profetas de Deus, a fim de que se conheça com isso que eles são chamados, enviados por Deus, e que seja com isso tanto mais inclinado a obedecê-los."

A cura milagrosa do câncer na RCC serve para dar credibilidade à religião que, por conta do paradigma da secularização, perdeu espaço para outras instituições modernas, como a medicina formal, por exemplo. Por essa razão, podemos inferir que o milagre ou a cura do câncer, enquanto doença que, na maioria das vezes, é considerada incurável pela medicina, funciona como espaço de convergência entre religião e medicina. A nosso ver, o surgimento da

RCC dentro da Igreja Católica Romana evidencia o reencantamento da religião que se apresenta ora privada (individual), ora pública (coletiva), ora tradicional (valorização da moral e ética católica), ora moderna (elementos cúlticos inovadores), promovendo um sentido supra-humano para a existência humana moderna.

Para Katrina, sua experiência está relacionada à fé expectante: "A certeza de que Deus havia me curado fosse qual fosse o diagnóstico dos médicos, Ele não só me curou fisicamente, mas espiritualmente, emocionalmente". Essa fé, promotora do milagre, pode causar sensações corporais sensitivas, como o forte queimor, descrito por Rita. E, ainda, o amparo e a acolhida filial, mesmo não tendo nenhuma experiência sensacional ou sensitiva no momento da oração ou do milagre: "[...] em que meu filho orou por mim, dois dias antes de fazer a cirurgia e falou que eu fui curada" e, após exames médicos: "Fiquei muito feliz depois, quando o médico disse que eu não tinha mais nada porque na hora da oração não senti nada" (Wilma).

A partir de nossa investigação, podemos afirmar que, apesar do impacto decrescente da religião e da tradição em um mundo secularizado, não significa, entretanto "[...] o desaparecimento completo do pensamento e atividade religiosos – provavelmente por causa do poder da religião sobre algumas das questões existenciais [...]" (Giddens, 2005, p. 111).

De acordo com o testemunho de nossas entrevistadas, a cura acontece pela própria fé do crente, principalmente quando se faz analogia das curas atuais com as diversas narrativas bíblicas de milagres no Novo Testamento, no qual Jesus diz: Tua fé te salvou. Nesse caso, segundo Galloway (1998), pode-se falar de "forças para a autocura" no ser humano porque, na verdade, quem salva ou quem cura não é Jesus, mas a própria fé do crente. Isso quer dizer que a fé deve ser entendida como uma força dentro da pessoa curada, não como uma força do taumaturgo (pregador-milagreiro), embora ele seja uma peça importante no processo, mas porque a cura parte da fé da própria pessoa. A fé, embasada nessas narrativas, é identificada como "força milagrosa", isto é, "participação no poder de Deus". Nesse sentido, como muitas entrevistadas relataram nos questionários, podemos dizer que, na maioria das vezes, a fé em Deus tem sido um canal surpreendente de cura para aqueles que, sem deixar de recorrer à medicina, aliam seu tratamento convencional ao espiritual, ou vice-versa.

Essa situação permite-nos inferir que a RCC consegue ser um espaço visível, em que é possível conciliar dois pensamentos que, à primeira vista, se excluem: fé e razão e, por que não dizer, religião e medicina, mas que, em uma espécie de simbiose, se complementam e que, por isso, se beneficiam. Enfim, no caso específico por nós analisado, qual seja, a relação amistosa entre RCC e tratamento médico-hospitalar de pacientes-fiéis portadoras de doenças cancerígenas, a fé e a razão, apesar do antagonismo imperante, apresentam-se, no mundo contemporâneo, como dois campos estratégicos que, na Modernidade, conseguem, a partir da aproximação da religião e medicina – principalmente quando ambas buscam, paralelamente, pela cura milagrosa–, interagir, sem maiores problemas, no universo religioso do pentecostalismo católico, isto é, na RCC.

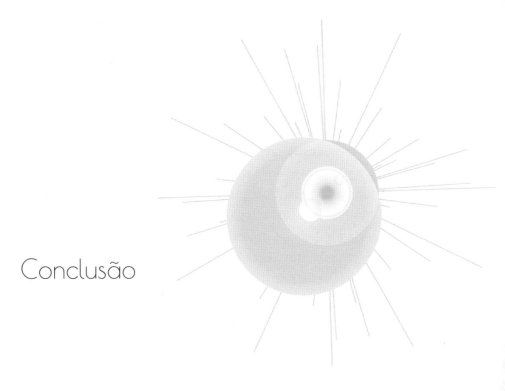

Conclusão

Ao iniciarmos este livro, perguntávamos sobre a relação entre religião e medicina, como tal relação se inseria no seio do debate entre fé e razão e que papel desempenhava a oferta de cura através dos milagres pela RCC. Partimos do pressuposto de que a medicina originou-se da religião, mas com o avanço da racionalidade e da centralidade da ciência (características marcantes da Modernidade), a medicina formal se desassociou da religião. Na atualidade, ao verificarmos uma tendência de diluição de fronteiras entre os tradicionais polos do debate (a fé e a razão), defendemos a tese de que a religião e a medicina tendem a se re/aproximar, de tal forma que, no contexto atual, pode-se perceber, embora não oficialmente, uma espécie de parceria entre religião e medicina, entre fé e razão. Nessa conjuntura, o tratamento espiritual na RCC está embasado na crença da realização de milagres por essa prática católica religiosa, mas, em alguns casos, tal crença alia-se à busca e à manutenção do tratamento médico tradicional, corroborando para uma tendência de relações complementares entre religião e medicina, entre fé e razão.

Para responder às perguntas apresentadas na introdução deste livro, no primeiro capítulo, buscamos fazer um breve histórico da complexa relação entre medicina e religião, destacando como ela se insere em um campo maior de relações, isto é, no campo entre fé e razão. Verificamos então que, desde os seus primórdios, as religiões desenvolveram sua tarefa terapêutica associada à sua missão. Na verdade, a medicina nasce da religião, porém, com o passar do tempo, distancia-se dela, buscando estabelecer sua hegemonia no campo dos saberes no que tange às temáticas de saúde/doença.

Ao analisar a relação entre religião e medicina no mundo contemporâneo, percebemos certa diluição dos limites das fronteiras estabelecidas entre ambas. Entendemos que, na Modernidade ou Pós-modernidade, todos os valores que outrora pareciam seguros, se perderam. Nesse contexto, marcado, essencialmente, pelo hibridismo, religião e medicina ou fé e razão se re/encontram, re/aproximam, se entrecruzam em uma época de incertezas, de vários tipos de doenças incuráveis.

Iluminados pelo pensamento de Chauí (2010), percebemos que a medicina e, com ela, a ciência como um todo, na busca de definir seu papel hegemônico de definidora da cultura, não briga somente com as crenças mágicas, mas com as formas em que essas crenças (mais especificamente o cristianismo) se institucionalizam no Ocidente. Isso porque, na cultura ocidental pré-moderna, onde predominou a cristandade, o mundo era entendido como tendo um centro religioso (o papado), um centro teórico (geocentrismo, aristotelismo tomista, mundo hierárquico de seres e de ideias) e um centro político (o Sacro Império Romano-Germânico). As universidades eram confessionais, e nelas imperavam as versões cristianizadas do pensamento de Platão, Aristóteles, Plotino e dos Estoicos. Os conhecimentos eram vinculados diretamente à teologia e à religião e os fenômenos naturais eram explicados por seus vínculos com a contínua intervenção divina e submetidos aos dogmas cristãos. O saber era contemplativo, fundamentado na visão teocêntrica (Deus como centro, princípio, meio e fim do real). Nesse período, predominava a crença na unidade da fé cristã, dos dogmas e cerimônias, e, sobretudo, da autoridade papal. Inclusive o Papa teria sido investido por Deus do direito de ungir e coroar reis e imperadores e somente alguns podiam ler e interpretar os Livros Sagrados. Em síntese, é com a predominância dessa forma de compreender a sociedade que a medicina formal se contrapõe.

Na atualidade, todavia, a RCC apresenta-se como um campo que busca convergência entre os dois polos que, historicamente, se opunham na construção e na gestão de saberes sobre saúde/doença: a religião e a medicina. Para demonstrar tal fenômeno, entendemos que a experiência das pessoas – como um modo de vida centrado na racionalidade e no indivíduo, enquanto sujeito-ator, planejador, diretor de sua própria biografia, com todas as exigências e consequências. Apresenta-se aos sujeitos de nossa investigação como desafiadora em relação às suas necessidades de significar suas experiências de doenças e os mais sofrimentos. Principalmente porque quem deve dar conta da administração de suas vidas são os próprios sujeitos-autores envolvidos no processo.

Nesse contexto, a RCC apresenta-se aos sujeitos como um espaço que articula, ainda que de forma complexa, elementos que não retiram a centralidade do indivíduo: ele continua sendo sujeito de suas escolhas religiosas e da forma como consegue resolver seus próprios problemas; nem a importância da racionalidade: não é necessário abandonar a medicina formal. Mas não retira também a presença da magia: oferece a possibilidade da cura através de milagres que podem ser realizados mediante a ação do agente religioso (pregador-curandeiro) ou em seu relacionamento direto com a divindade. Em outras palavras, na RCC, elementos aparentemente antagônicos como a crença em milagres e a manutenção do tratamento da medicina formal se articulam nas práticas pastorais de cura e libertação. Assim, são oferecidas aos seus sujeitos-fiéis respostas às suas necessidades de significar, por meios mágicos, suas dores e sofrimentos, e de ser parte da racionalidade moderna. A essa articulação se deve o êxito dessa oferta religiosa centrada, de modo especial, em suas práticas de cura física e libertação psíquica e espiritual.

Buscamos, pois, investigar as práticas da cura milagrosa no grupo de oração "Sagrados Estigmas", em Goiânia. Ao analisar, detalhadamente, as respostas dadas ao questionário feito às pessoas entrevistadas sobre suas experiências das curas milagrosas, destacamos o desejo de cura, bem-estar, de fazer de tudo para não morrer e poder continuar vivendo, protegendo-se e seus dependentes. Esse sentimento fez com que as pessoas entrevistadas, um grupo feminino, portadoras de doenças cancerígenas, se apresentassem como protagonistas de suas próprias narrativas, do seu itinerário pela busca da cura, tanto na medicina, quanto na religião.

Nos casos relatados, buscar a cura é, pois, buscar, na experiência religiosa, um encontro com o Sagrado, a partir de situações anômicas concretas da vida. Essa é a atitude mais coerente para aquelas pessoas que, desenganadas pela medicina tradicional, encontram, na religião, não só alívio imediato aos seus problemas, mas, sobretudo, a redenção, salvação e expiação do mal (doença), considerado incurável e, portanto, maligno, mortal, conforme elas afirmam.

A doença cancerígena é percebida pelas pessoas entrevistadas como algo horrendo que pode por fim à trajetória humana nesta Terra e, por isso, impedir a perpetuação do indivíduo. A RCC, na tentativa de fornecer significados à experiência da doença de seus fiéis, recorre às mais variadas teodiceias: castigo divino, determinismo, destino etc. No contexto carismático, destacamos, sobretudo, a ênfase à ética cósmica do amor, a não resistir ao mal pela força física, mas pela força da oração como meio decisivo nesse combate, principalmente porque ele não é visto na sociedade enquanto poder político, institucional que se exclui e se omite. Mas também, o mal segundo a descrição das pessoas entrevistadas, representa simples comportamentos humanos, ações ou forças demoníacas que podem se apresentar na vida de um indivíduo no intuito de fazê-lo perder, levá-lo ao inferno.

Na tentativa de enfrentar o mal (a doença cancerígena), nossas entrevistadas afirmaram recorrer, não tão somente ao tratamento médico tradicional, mas ao ambiente carismático de louvor, adoração e, possíveis curas, local em que a emoção se sobrepõe à razão, dando ênfase à experiência da cura carismática, ao contato com o Sagrado como ponto suficiente para a plena libertação dos mais diversos males ameaçadores do ser humano e que a medicina, apesar dos seus avanços tecnológicos, ainda não pode solucionar.

Do lado da medicina, como espaço de (re)ação à religião, no que tange à significação da saúde/doença e na oferta de curas, não encontramos muitas informações nos depoimentos das pessoas entrevistadas. Procuramos, pois, nos concentrar nas informações obtidas na literatura produzida por alguns médicos que investigam a temática da relação entre religião e medicina. A partir de tais leituras, percebemos que somente com o surgimento da psicanálise e da psicologia é que, de fato, a ciência médica começou a despertar-se para a condição da cura psicossomática, principalmente com o estudo da mente-corpo dos trabalhos de Freud (Paiva; Silva, 1994, p. 12).

Em nossa análise, deparamos com depoimentos que, em sua maioria, afirmam conservar a confiança na medicina, de tal forma que, apesar de buscar pela cura no espaço religioso da RCC, não houve nenhuma orientação de membros da RCC que as persuadisse ou as levasse ao abandono do tratamento médico formal. Além disso, aparece em seus depoimentos uma mistura de confiança em Deus (religião) e na medicina ao mesmo tempo. Há que se recorrer ao Espírito Santo e buscar o milagre, mas também o médico pode ser uma pessoa iluminada por Deus e, por isso, conseguir curá-las. Por essa razão, o paciente-fiel ou o fiel-paciente não abre mão de nenhuma dessas terapias/instâncias. Todavia, pelo fato de estarem inseridas na RCC, afirmam que as forças malignas, resultantes do próprio mal (Satanás), podem desencadear os fenômenos anômicos, isto é, a própria doença cancerígena que, às vezes, é personalizada como o próprio mal, isto é, Satanás.

Com efeito, a doença precisa ser combatida, pois pode levar o indivíduo a outros fenômenos extremos, tais como o sofrimento e a morte. E, quando não combatida ou solucionada, seja pelos procedimentos médicos ou religiosos, ela deve ser pelo menos explicada, superada. Nesse ponto, a religião exerce um papel muito importante, pois busca dar respostas condizentes às diversas aflições humanas muitas vezes não encontradas na medicina prognóstica e diagnóstica, decodificada, simplesmente em seu estado orgânico. Essas respostas: o que significa a doença, o porquê de ela existir e quem é o responsável por ela são algumas das indagações cujas respostas o *homo religiosus* procura na religião. Se, por um lado, a função terapêutica da religião está sendo resgatada porque traz consigo a possibilidade e a esperança de cura de doenças e possíveis males psicológicos do ser humano. Por outro, a religião se aproxima da medicina e abre espaço para um diálogo saudável, pois aquela oferece, através de seus ritos, apoio social e psicológico ao ser humano, muitas vezes não encontrados nas especificidades dos tratamentos médico-hopitalares, no propósito de resgatá-lo, ajudá-lo a reorganizar internamente suas dores e sofrimentos. Um exemplo disso é a Casa de Apoio Elba A. F. Furtado para pessoas portadoras de doenças cancerígenas, mantida pelo grupo de oração "Sagrados Estigmas".

Com base em sua crença, tanto na religião (a partir das respostas desenvolvidas pelos funcionários do Sagrado) quanto na medicina formal (a partir das soluções práticas do tratamento médico dos profissionais da área da saúde), as pacientes-fiéis dessa investigação fazem um caminho de mão dupla à busca pela saúde, isto é, na medicina formal e na religião (RCC). E, quando a primeira não consegue responder algumas angústias (muitas vezes inexplicáveis), a exemplo do porquê de ter contraído ou o porquê "dessa doença" ou para que serve a doença (caos), procura-se pela saúde por meio da segunda mão, isto é, da religião. Aliás, esse caminho também funciona de forma inversa.

A nosso ver, para as pessoas entrevistadas há um encontro entre a tradição religiosa, oriunda do judeu-cristianismo que prima pelo aspecto espiritual e a medicina moderna, caracteristicamente voltada ao culto do corpo. Isso porque, desde a cultura do povo hebreu, dava-se ênfase ao aspecto espiritual (religioso), prevalecendo, sobretudo, os dogmas e tabus religiosos que eram, necessariamente, colocados em primeiro plano, enquanto os aspectos emocional e orgânico não eram tão evidenciados. Em nossos dias, entretanto, quando há o aparecimento de muitas doenças orgânicas e emocionais – inclusive as incuráveis pela medicina convencional –, cada vez mais, tanto na religião quanto na medicina, busca-se a cura, tanto para a alma, quanto para o corpo.

Percebemos também que o fator fé e a experiência que, geralmente, o *homo religiosus* busca com o Sagrado foram elementos indispensáveis para o restabelecimento da saúde de nossas entrevistadas. As invocações às crenças e à fé em situações de doença e aflições demonstram, em nossa pesquisa, que não há só recuperações de ordem emocional e espiritual, mas, sobretudo, física. A partir do depoimento das pessoas entrevistadas, entendemos que o milagre acontece e, na sua procura, é possível conciliar, sem maiores problemas, caos e ordem, fé e razão, religião e medicina.

Na verdade, quando os pacientes-fiéis procuram pela saúde, seja através do médico, do padre ou do leigo da RCC, buscam uma atenção especial, principalmente porque, na situação de anomia em que se encontram, isto é, de sofrimento físico e mental, demonstram-se carentes de atenção, de solução e de alívio da enfermidade que pode, certamente, comprometer sua própria existência.

Em um passado não tão longínquo, a prática médica não admitia o exercício de quaisquer tipos de curandeirismo e de tratamentos não científicos pela medicina convencional. Atualmente, essa prática continua ainda sendo rejeitada pela medicina. Todavia, com o passar do tempo, mais propriamente no século XIX, o conhecimento ou o exercício de práticas religiosas, e, principalmente, das práticas mágicas ou curandeirismo deixou também de ser tão discriminado e passou, desde então, a ser aceito, mesmo contrário à literatura médica, por alguns médicos, na cultura ocidental.

Na atualidade, novos modelos de gestão em saúde evidenciam que os cuidados informais, sejam eles pelos grupos familiares, associações e, principalmente, religiosos, proporcionam aos doentes maiores possibilidades de recuperação. É o que percebemos quando estivemos *in loco* na Casa de Apoio Elba A. F. Furtado.

De modo que a associação fé e medicina ou Deus e médico sinaliza, em nossa pesquisa, que a religião tem se demonstrado suscetível às questões relativas à medicina, principalmente no que se refere à aceitação do tratamento médico que ocorre paralelamente ao tratamento espiritual no movimento pentecostal da RCC.

Por essa razão, a RCC torna-se ponto de convergência entre religião e medicina, entre fé e razão porque, no mundo contemporâneo, onde a fé e a espiritualidade migram de um lugar para outro, o Sagrado e o profano não se apresentam mais tão distintos, isolados e antagônicos. A religião tem, a exemplo da RCC, cada vez mais aceitado a parceria (ainda que informal) com a medicina (e vice-versa) no processo de cura dos seus fiéis, orientando-os a manter paralelos o tratamento espiritual e o médico convencional.

A partir dos depoimentos das pessoas que entrevistamos, podemos inferir que, no grupo de oração "Sagrados Estigmas", é possível perceber que há certa aceitação e conciliação entre religião e medicina, fé e razão que se unem, complementam-se no tratamento do câncer. Isso possibilita ao fiel a experiência religiosa ou o encontro do *homo religiosus* com o Sagrado na tragédia humana da doença. Na RCC, a cura milagrosa apresenta-se como um espaço convergente entre religião e medicina. Esse encontro proporciona também mudança comportamental intra e interpessoal.

A RCC apresenta-se como um meio organizador de confiança dos pacientes-fiéis. E o faz de várias maneiras, principalmente quando as instituições seculares não conseguem garantir plena segurança, saúde e bem-estar ao ser humano, seja pelas condições em que elas se encontram seja porque ainda não avançaram cientificamente ao ponto de descobrir como sanar todos os males (doenças) modernos incuráveis.

Os grupos de oração, com seus louvores, oração em línguas, dons de cura e libertação e sua ênfase ao Espírito Santo, bem como seus funcionários pregadores-milagreiros[47], fornecem apoio pro-

---

47 A maioria dos pregadores-milagreiros é leiga; eles são engajados, não remunerados no Movi-

videncial que, segundo as pessoas entrevistadas, lhes garantem segurança em um mundo incerto, inseguro. Eles conseguem injetar confiança e garantir a cura em diversas situações conflitivas do paciente-fiel, nos estados em que doenças incuráveis se apresentam, formando "uma estrutura em termos na qual eles podem ser explicados e respondidos" (Berger, 1985, p. 105).

Em nossa pesquisa, nos 7 (sete) casos apresentados, percebemos que as pacientes-fiéis encontraram respostas às suas angústias e, quando encontraram, foram motivadas no próprio grupo de oração, a dar testemunho, isto é, relatar a cura ou o milagre que lhe ocorreu. De fato, nessas circunstâncias, o milagre é o objeto concreto que o paciente-fiel busca na experiência religiosa quando os meios convencionais para a cura não conseguem responder a contento aos questionamentos dos seres humanos, principalmente daqueles de classes menos favorecidas, nas quais o sistema de saúde brasileiro encontra-se em situações precárias e, ainda, apesar dos avanços tecnocientíficos, não consegue dar respostas satisfatórias às questões relacionadas às doenças incuráveis.

Desse modo, torna-se necessário que todos os saberes adotem uma postura flexível, isto é, busquem viver, harmoniosamente, contribuindo na construção da ciência, da civilização de um mundo melhor. Para tanto, torna-se mister que, tanto a religião quanto a medicina, busquem respeitar seus próprios limites e saibam respeitar as competências do outro, de outros campos do saber. De sorte que, no mundo moderno, o conflito entre fé e razão, religião e medicina é desnecessário e retrógado, principalmente porque o embate antigo entre essas instâncias já não tem mais lugar no mundo contemporâneo. Além do mais, é imprescindível, diante das dimensões humanas, que a religião, a partir de seus próprios métodos, interprete o mundo espiritual do ser humano, cabendo à ciência penetrar nas realidades naturais e, dessa forma, propor

---

mento da RCC, principalmente porque o Movimento origina-se com os leigos. Todavia, com o advento da mídia televisiva católica, aumentou o número de padres, um grupo menor de sacerdotes remunerados que assumiram a espiritualidade da RCC.

explicações com base na experiência de seus métodos científicos. Enfim, tanto a religião quanto a ciência, e no nosso caso específico, a medicina têm um papel importantíssimo dentro da nossa sociedade e ambas devem, a seu modo, colaborar para o bem-estar físico, psicológico e espiritual do homem e seu universo.

Talvez caminhamos para uma maior aproximação das províncias do saber em uma síntese total, oportunizando um grande progresso da humanidade. "Sem dúvida, a ciência unificada seria um ótimo trampolim para se fazer o salto metafísico ou a elaboração de uma Weltanschauung pela qual 'o sábio vê tudo em um só olhar' " (Pegorato, 2008, p. 65). Essa situação, entretanto, exige de nós novas posturas, posicionamentos, problemas e, novas respostas às novas gerações. Sob essa ótica, instauram-se novos autores, ambientes, novas perspectivas e instâncias, principalmente porque sabemos que a medicina científica tem, em nossos tempos, um valor geral, cujo alcance não só deve preocupar-se com a simples questão do cuidado dedicado aos fenômenos orgânicos, mas transcendê-los, metafisicamente, além de seus aspectos concretos e abrir-se a outras instâncias, a exemplo da religião, a fim de estabelecer um diálogo mais pragmático e produtivo. Isso porque quando surge uma doença, ela envolve não apenas a instância médica, mas outras instâncias sociais, a exemplo das esferas familiares, profissionais, políticas e, no caso em questão, das religiosas.

Em suma, a partir da análise dos depoimentos das pessoas entrevistadas, percebemos que o paciente-fiel busca a cura na RCC quando percebe que o tratamento convencional não poderá, por si só, trazer-lhe as respostas necessárias de cura e libertação do câncer que pode levá-las à morte. As entrevistadas afirmam que receberam a cura do câncer durante seu encontro com o Sagrado (Deus, Jesus, Maria ou com o Espírito Santo), sem, todavia, desprezar o tratamento médico convencional. No mundo moderno, esse imbricamento entre as práticas de fé (religião) e razão (medicina) não se opõem como um todo, e a expansão e os recursos tecnológicos, nas quais essa última instância se ampara não exigem nem, muito menos, implicam, necessariamente, o desaparecimento da primeira. Nesse caso, percebemos que o milagre, a saúde e o bem-estar são, evidentemente, experiências do *homo religiosus* (fiel ou paciente) que busca o tratamento médico tradicional paralelamente ao espiritual. Essa situação permite-nos inferir que, na contemporaneidade, fé e razão, religião e medicina dão as mãos, reaproximam-se, inter-relacionam-se, unem-se em prol da resolução de problemas comuns. No caso por nós analisado: a cura de doenças cancerígenas.

Referências bibliográficas/webgrafia

ACHTERBERG, Jeanne. *A imaginação na cura*. São Paulo: Summus, 1996.

ADAM, Philippe; HERZLICH, Claudine. *Sociologia da doença e da medicina*. Tradução Laureano Pelegrin. Bauru: EDUSC, 2001.

ALVES, Rubens. "A empresa da cura divina: um fenômeno religioso". Em: VALE, E. E.; QUEIROZ, J. J. (org.). *A cultura do povo*. São Paulo: Cortez e Moraes & EDUC, 1979, pp. 111-117.

_____. "A volta do Sagrado: os caminhos da sociologia da religião no Brasil". *Religião e sociedade*, n. 3, ano 1978.

_____. *O que é religião*. São Paulo: Ars Poética, 1996.

ANJOS, Márcio Fabri dos. *Sob o fogo do Espírito*. São Paulo: Paulinas, 1998.

ANTONIAZZI, Alberto. *Por que o panorama religioso no Brasil mudou tanto?* 3ª ed. São Paulo: Paulus, 2006.

ARAÚJO, I. *A medicina popular*. Natal: UFRN, 1999.

A Renovação Espiritual Católica Carismática. Documento do Encontro Episcopal Latino Americano em La Ceja – Colômbia. São Paulo: Loyola, 1988.

BAUMAN, Zygmunt. *Modernidade e ambivalência*. Rio de Janeiro: Jorge Zahar, 1999.

_____. *Modernidade líquida*. Rio de Janeiro: Zahar Editores, 2001.

_____. *O mal-estar da Pós-modernidade*. Tradução Mauro Gama e Cláudia Martinelli Gama. Rio de Janeiro: Zahar, 1998.

BECK, Ulrick. "A reinvenção da política: rumo a uma teoria da modernização reflexiva". Em: BECK, Ulrick; GIDDENS, Antony; LASH, Scott. (orgs). *Modernização reflexiva*. São Paulo: Editora Unesp, 1997.

BECKER, Howard. *Métodos de pesquisa em ciências sociais*. São Paulo: HUCITEC, 1993.

BÉLIVEAU, Veronica Gimenez. "Salud, Sanación, Salvación: Representaciones en Torno del 'Estar Bien' en dos Grupos Católicos Emocionales". *Sociedad y Religion*. ACSRCS: 1999 vol. 18/19, pp. 23-39.

BENSON, Hebert; STARK Marg. *Medicina espiritual: o poder essencial da cura*. Tradução Marly Wincklee. Rio de Janeiro: Campus, 1998.

BERGER, Klaus. *Pode-se crer em milagres?* Tradução Fredericus Antonius Stein. São Paulo: Loyola, 2003.

BERGER, Peter. *O dossel sagrado: elementos para uma teoria sociológica da religião*. Tradução José Carlos Barcellos. São Paulo: Paulus, 1985.

BIANCO, Gloecir. "Pluralismo religioso brasileiro e a crise de sentido". *Revista de história das religiões*, UEM, n. 2, setembro de 2008.

Bíblia de Jerusalém. Tradução do texto de língua portuguesa diretamente dos originais. São Paulo: Paulinas, 1981.

BIRMAN, Patrícia; NOVAES, Regina; CRESPO, Samira (orgs.). *O mal à brasileira*. Rio de Janeiro: EDUERJ, 1997.

BONCINELLI, Edoardo. Il Male. *Storia Naturale e Sociale della Sofferenza*. Milano: Mondadori, 2007.

BOTELHO, João Bosco. *Medicina e religião: conflito de competência*. Manaus: Metro Cúbico, 1991.

BOURDIEU, Pierre. *Coisas ditas*. São Paulo: Editora Brasiliense, 1990.

_____. *O poder simbólico*. Rio de Janeiro: Bertrand Brasil, 1999.

BRIGHENTI, Agenor. *A igreja do futuro e o futuro da igreja: perspectivas para a evangelização na aurora do terceiro milênio*. São Paulo: Paulus, 2001.

BRITO, Ênio José da Costa; GORGULHO, Gilberto da Silva (orgs.). *Religião: ano 2000*. São Paulo: Edições Loyola, 1998.

CAMPOS, Roberto. "Competição na fé". *Revista Veja*: São Paulo, 31 de março de 1999, p. 23.

CAPRA F. *A teia da vida: uma nova compreensão dos sistemas vivos*. São Paulo: Cultrix, 1997.

_____. *O ponto de mutação*. São Paulo: Cultrix, 1982.

CARRANZA, Brenda. *Movimentos do catolicismo brasileiro: cultura, mídia e instituição*. Tese de Doutorado, Universidade Estadual de Campinas, 2005.

_____. *Renovação Carismática Católica: origens, mudanças e tendências*. Aparecida/São Paulo: Santuário, 2000.

CASTIGLIONI, Arturo. *História da medicina*. São Paulo: Nacional, 1947. Tomo II.

CATALAN, Jean-François. *O homem e sua religião: enfoque psicológico*. Tradução Magno José Vilela. São Paulo: Paulinas, 1999.

CERQUEIRA, A. T. A. R.; LIMA, M. C. P. "A formação da identidade do médico: implicações para o ensino de graduação em medicina". *Interface – comunicação, saúde, educação*. Agosto de 2002, vol. 6, n. 11, pp. 107-116.

CHAMPION, F. e HERVIEU-LÉGER, D. *De L'émotion en Religion: Renouveaux et Traditions*. Paris: Centurion, 1990.

CHAUI, Marilena. *Filosofia moderna*. <cfh.ufsc.br/~wfil/chaui.htm> acesso em 10 de novembro de 2010.

CHIZZOTTI, A. *Pesquisa em ciências humanas e sociais*. São Paulo: Cortez, 1991.

Catecismo da Igreja Católica. 3ª ed. São Paulo: Vozes, Paulinas, Loyola e Ave-Maria, 1993. CNBB. *Orientações pastorais sobre a Renovação Carismática Católica*. São Paulo: Paulinas, 1994, n. 53.

"Comunidades de Renovação". Em: Apostila 10. Escola São Paulo Apóstolo. *Renovação Carismática Católica: Ofensiva Nacional*, ano 1998.

Congregação para a Doutrina da Fé. *Instrução sobre as orações para alcançar de Deus a cura*. Cidade do Vaticano: Libreria Editrice Vaticana, 2000.

CORTEN, André. *Os pobres e o Espírito Santo: pentecostalismo no Brasil*. Tradução Mariana Nunel Ribeiro Echalar. Petrópolis: Vozes, 1996.

CORTÊS, Mariana. *O bandido que virou pregador*. São Paulo: Aderaldo & Rothschild; ANPOCS, 2007.

CROATTO, José Severino. *As linguagens da experiência religiosa: uma introdução a fenomenologia da religião*. São Paulo: Paulinas, 2004.

CSORDAS, Thomas J. Language, Charisma, and Creativity. *The Ritual Life of a Religious Movement*. Berkeley, Los Angeles and London: University of California Press, 1997.

DEGRANDIS, Roberto. *O dom dos milagres*. 5ª ed. São Paulo: Loyola, 1998.

DERRIDA, Jaques; VATTIMO, Gianni (org.). *A religião: o seminário de Capri*. São Paulo: Estação Liberdade, 2000.

DORON, R.; PAROT, F. (orgs.) Psicologia clínica. *Dicionário de psicologia*. São Paulo: Ática, 1998, vol. I, pp. 144-145.

DURKHEIM, Émile et al. *As formas elementares de vida religiosa: o sistema totêmico na Austrália*. Tradução Joaquim Pereira Neto. 2ª ed. São Paulo: Paulus, 1989.

ELIADE, Mircea. *O sagrado e o profano: a essência das religiões*. 1ª ed. São Paulo: Martins Fontes, 2001.

_____. *O mito do eterno retorno*. Tradução M. Torres. Lisboa: Edições 70, 1985, p. 32.

_____. *Imagens e símbolos: ensaio sobre o simbolismo mágico-religioso*. São Paulo: Martins Fontes, 1996.

_____. *Mito e realidade*. São Paulo: Perspectiva, 1972.

Escola Paulo Apóstolo. *Comunidade de renovação*. São José dos Campos: Edições COM-DEUS, 1998, pp. 15-60.

Escola Paulo Apóstolo. *As secretarias na ofensiva nacional*. São José dos Campos: Edições COM-DEUS, 1999.

Escola Paulo Apóstolo. *Serviços no grupo de oração*. São José dos Campos: Edições COM-DEUS, 1998.

FALVO, Serafino. *O despertar dos carismas*. 14ª ed. São Paulo: Paulus, 2001.

FIDES ET RATIO: "Sobre as relações entre fé e razão". *Encíclica do Papa João Paulo II*. São Paulo: Paulus, 1998.

FISH, J. M. *Placebo terapia: a fé no processo de cura*. Campinas: Papirus, 1998.

FOUCAULT, Michael. *Microfísica do poder*. Rio de Janeiro: Graal, 1979.

_____. *O nascimento da clínica*. 5ª ed. Rio de Janeiro: Forense Universitária, 2004.

FREIRE, C. F.; MOREIRA, V. "Psicopatologia e religiosidade no lugar do outro: uma escuta levinasiana". *Psicologia em estudo*. Maringá, 2003, vol. 8, n. 2, pp. 93-98.

PEGORARO, Olinto A. *Freud, ética e metafísica. O que ele não explicou*. Petrópolis: Vozes, 2008.

GALLIAN, D. M. C. "A (re)humanização da medicina: psiquiatria na prática médica". Em: Universidade Federal de São Paulo – Escola Paulista de Medicina (Unifesp/EPM). <unifesp.br/dpsig/polbr/ppm/especial02a.htm>. Acesso em 10 de agosto de 2013.

GANBARINI, Alberto Luiz. *Cura das enfermidades: benefício de Jesus*. 19ª ed. Itapecerica da Serra: Ágape.

GEERTZ, Clifford. *A religião como sistema cultural*. Rio de Janeiro: LTC, 2008.

GEERTZ, Clifford. *A interpretação das culturas*. Rio de Janeiro: LTC, 1989a, pp. 101-142.

_____. " 'Ethos', visão de mundo e a análise de símbolos sagrados". Em: GEERTZ, Clifford. *A interpretação das culturas*. Rio de Janeiro: LTC, 1989b, pp. 143-159.

GIDDENS, Anthony. *As consequências da Modernidade*. São Paulo: UNESP, 1991.

_____. "A vida em uma sociedade pós-tradicional". Em: BECK, Ulrick; GIDDENS, Antony; LASH, Scott. (orgs). *Modernização reflexiva: política, tradição e estética na ordem social moderna*. São Paulo: Editora Unesp, 1997.

GORGULHO, Gilberto da Silva. "Religião na globalização". Em: BRITO, Ênio José da Costa e GORGULHO, Gilberto da Silva. *Religião*. Ano 2000. São Paulo: Edições Loyola, 1998.

GUERRIERO, Silas (org.). *O estudo das religiões. Desafios contemporâneos*. 2ª ed. São Paulo: Paulinas, 2003.

GROETELAARS, Martien Maria. *Milagre e religiosidade popular: reflexões sobre pastoral missionária*. Petrópolis: Vozes, 1981.

HANS, Harold. *Sereis batizados no Espírito Santo*. São Paulo: Loyola, 1972.

HELMAN, C. G. *Cultura, saúde & doença*. Porto Alegre: Artmed, 2003.

HERVIEU-LÉGER, Danièle. "Catolicismo: a configuração da memória". Tradução Maria Ruth de Souza Alves. *Revista de Estudos da Religião* – REVER, n. 2, ano 5, 2005, pp. 87-107.

HERVIEU-LÉGER, Danièle. "Representam os surtos emocionais contemporâneos o fim da secularização ou o fim da religião?" *Religião & Sociedade*, Rio de Janeiro, vol. 18, n. 1, pp. 31-48, agosto de 1997.

História Mundial da RCC. <rccbrasilorg.br/interna.php?paginas=42> Acesso em 10 de março de 2010.

HUME, David. "Dos milagres". Em: HUME, David. *Investigação sobre o entendimento humano*. Tradução André Campos Mesquita. São Paulo, s.d., pp. 121-142.

JORDÃO, Cláudia; LOES, João. "Eu quero ficar sozinho". *Revista Isto É*, ano 32, outubro de 2009, ed. 2085.

KEPEL, Gilles. *La revancha de Dios*. Salamanca: Anaya e Mario Muchnik, 1995.

LAPLANTINE, François. *Antropologia da doença*. São Paulo: Martins Fontes, 2004.

_____. *Aprender antropologia*. São Paulo: Brasiliense, 1987.

LARAIA, Roque de Barros. *Cultura: um conceito antropológico*. Rio de Janeiro: Zahar, 1996.

LASH, Scott. "A reflexividade e seus duplos: estrutura, estética, comunidade". Em: BECK, Ulrick; GIDDENS, Antony; LASH, Scott. (orgs). *Modernização reflexiva: política, tradição e estética na ordem social moderna*. São Paulo: Editora da Unesp, 1997.

LEMOS, Carolina Teles. "Religião e saúde: a busca de uma vida com sentido". *Fragmentos de cultura*. Goiânia, 2002, vol. 12, n. 3, pp. 479-510.

_____. *Religião e saúde*. Goiânia: Deescubra, 2007.

LEPARGNEUR, Hubert. *O doente, a doença e a morte*. Campinas: Papirus, 1997.

LÉVI-STRAUSS, C. *Antropologia estrutural*. Rio de Janeiro: Tempo Brasileiro, 1967.

LEVIN, Jeft. *Deus, fé e saúde. Explorando a conexão espiritualidade-cura*. Tradução Newton Roberval Eichemberg. São Paulo: Cultrix, 2001.

LIPOVETSKY, Gilles. *A era do vazio. Ensaio sobre o individualismo contemporâneo*. Tradução Miguel Serras e Ana Luíza Faria. Lisboa: Relógio D'água Editores, 1989.

LYOTARD, Jean-François. *A condição pós-moderna*. Rio de Janeiro: José Olympio, 1998.

LOWEN, Alexander. *O corpo em depressão: as bases biológicas da fé e da realidade*. Tradução George S. Chlesinge. São Paulo: Simmus, 1983.

MACHADO, M. D. C. *Carismáticos e pentecostais: adesão religiosa na esfera familiar*. Campinas: Autores Associados. São Paulo: ANPOCS, 1996.

MALINOWSKY, Bronislaw. *Magia, ciência e religião*. Tradução Maria Georgina Segurado. Lisboa: 70, 1988.

MARIOTTI, Alides D.; LUNGNANI, Antonio C.; SOUZA, Ronaldo J. *Carismas — RCC*. Escola Paulo Apóstolo. São José dos Campos Com Deus, s.d.

MARIZ, Cecília L. "O demônio e os pentecostais no Brasil". Em: BIRMAN, Patrícia; NOVAES, Regina. *O mal à brasileira*. Rio de Janeiro: EdUERJ, 1997.

MARTINS, Lenice Amélia de Sá. *O discurso polifônico da RCC*. Dissertação de mestrado. PUC-Minas, 2001.

MAUÉS, Raymundo Heraldo. "A renovação carismática e a 'cura' de um espaço comunitário". *Revista Anthropológicas*. Pernambuco: UFPE, 2004, ano 8, vol. 15, pp. 78-98.

_____. *O leigo católico no Movimento Carismático em Belém do Pará*. XXII Encontro Anual da Anpocs Gt "Religião e Sociedade" <http://bibliotecavirtual.clacso.org.ar/ar/libros/anpocs/heraldo.rtf>. Acesso em 1998.

MELO, J. M. S. *A medicina e sua história*. Rio de Janeiro: Edições de Publicações Científicas, 1989.

MENDONÇA, Antônio Gouvêa. "Protestantismo no Brasil: marginalização social e misticismo pentecostal". Em: MENDONÇA; Antônio Gouvêa; FILHO, Prócoro Velasques. *Introdução ao protestantismo no Brasil*. São Paulo: Loyola, 2002.

MESTERS, Carlos. "Descobrir e discernir o rumo do espírito: uma reflexão a partir da Bíblia". Em: ANJOS, Márcio Fabri dos. *Sob o fogo do Espírito*. São Paulo: Paulinas, 1998.

MICHELOTO, Antônio Ricardo. "Realidade e perspectivas das tradições religiosas na Pós-modernidade". Em: *Interações – cultura e comunidade*, 2008, vol. 3, n. 3, pp. 97-112.

MIRANDA, Antônio Afonso. *O que é preciso saber sobre a Renovação Carismática*. Aparecida: Santuário, 1993.

MODONI, Danilo. *Teologia da espiritualidade cristã*. São Paulo: Edições Loyola, 2000.

MONTERO, Paula. "Magia, racionalidade e sujeitos políticos". *Revista Brasileira de Ciências Sociais*, outubro de 1994, n. 26, pp. 72-90.

MOREIRA, Alberto da Silva. *O deslocamento do religioso na sociedade contemporânea*. No prelo, 2008a.

MOREIRA, Alberto da Silva. "O futuro da religião na sociedade global – painel de um debate". Em: MOREIRA, Alberto da Silva; DIAS, Irene (Orgs.). *O futuro da religião na sociedade global – uma perspectiva multicultural*. São Paulo: Paulinas, 2008b.

MOREIRA, Jacqueline de Oliveira; ROMAGNOLI, Roberta Carvalho; NEVES, Edwiges de Oliveira. *O surgimento da clínica psicológica: da prática curativa aos dispositivos de promoção da saúde*. <pepsic.bvsalud.org/scielo.php?script=sci_arttext&pid=S1414-98932007001200004&lng=pt&nrm=iso>. ISSN: 1414-9893. <pepsic.homolog.bvsalud.org/scielo.php?pid=S1414-98932007001200004&script=sci_arttext>. Acesso em: em 1º de dezembro de 2010.

MOREIRA, Manoel Messias da Silva. *Aspectos psicológicos na cura religiosa pentecostal*. Dissertação de Mestrado. Goiânia: Universidade Católica de Goiás, 2006.

MORIN, Edgar. *O homem e a morte*. Tradução Cleone Augusto Rodrigues. Rio de Janeiro: Imago Editora, 1997.

NUNES, Maria José Rosado. "O catolicismo sob o escrutínio da Modernidade". Em: SOUZA, Beatriz Muniz de; MARTINO, Luís Mauro Sá. *Sociologia da religião e mudança social. Católicos, protestantes e novos movimentos religiosos no Brasil*. São Paulo: Paulus, 2004.

O'DEA, Thomas F. *Sociologia da religião*. Tradução Dante Moreira Leite. São Paulo: Pioneira, 1969.

OFENSIVA NACIONAL. *Manual da Renovação Carismática Católica*. Aparecida: Editora Santuário, 1993.

OLIVEIRA, Eliane Martins. "O mergulho no Espírito de Deus: interfaces entre o catolicismo carismático e a Nova Era. (o caso da Comunidade de vida no Espírito Canção Nova)". *Religião e Sociedade*. Rio de Janeiro, 2004, n. 24(1), pp. 65-84.

OLIVEIRA, Fabiana Luci. "O campo da sociologia das religiões: secularização versus 'revanche de Deus'". *Revista Internacional Interdisciplinar Interthesis*. Florianópolis: 2005, vol. 2, n. 2.

Organização Mundial de Saúde. *Relatório sobre saúde no mundo: saúde mental: nova concepção, nova esperança*. Suíça: OMS/OPAS, 2001.

ORO, Ari Pedro. "Considerações sobre a modernidade religiosa". *Sociedad y Religión*, n. 14/15, 1996.

_____. *Palavra, fé e poder*. Campinas: Pontes, 1987.

OTTO, Rudolf. *O Sagrado*. Tradução Prócoro Velasques Filho. São Bernardo do Campo: Imprensa Metodista, 1985.

OYAMA, Thaís; LIMA, Samarone. "Católicos em transe". *Revista Veja*. São Paulo, ano 31, n. 14, 08/04/1998, pp. 92-98.

PACE, Enzo. "Religião e globalização". Em: ORO, Ari Pedro; STEIL, Carlos Alberto (orgs.). *Globalização e religião*. 2ª ed. Petrópolis: Vozes, 1999, pp. 103-116.

PAIVA, Luiz Miler de; SILVA, Alina de Paiva da. *Medicina psicossomática: psicopatologia e terapeuêutica*. 3ª ed. São Paulo: Artes Médicas, 1994.

PEDRINI, Alírio José. *Carismas para o nosso tempo*. São Paulo: Loyola, 1994.

_____. *Grupos de oração: como fazer a graça acontecer*. São Paulo: Loyola, 1994.

PEGORARO, Olinto A. Freud. *Ética & metafísica. O que ele não explicou*. Petópolis, RJ: Vozes, 2008.

PESSINI, L. *Pastoral da saúde: ministério junto aos enfermos*. São Paulo: Santuário, 1987.

PIERUCCI, Flávio. "Interesses religiosos dos sociólogos da religião". Em: ORO, Ari Pedro; STEIL, Carlos Alberto. *Globalização e religião*. 2ª ed. Petrópolis: Vozes, 1999, pp. 249-262.

_____. "Secularização e declínio do catolicismo". Em: SOUZA & MARTINO, Beatriz Muniz de, Luís Mauro Sá. *Sociologia da religião e mudança social*. São Paulo: Paulus, 2004.

PIERUCCI, Antonio; PRANDI, Reginaldo. *A realidade social das religiões no Brasil*. Hucitec. São Paulo, 1996.

PRANDI, Reginaldo. "A religião do planeta global". Em: ORO, Ari Pedro; STEIL, Carlos Alberto. *Globalização e religião*. 2ª ed., Petrópolis: Vozes, 1999, pp. 63-70.

_____. *O sopro do Espírito*. São Paulo: EDUSP, 1997.

PRANDI, Reginaldo; SOUZA, André Ricardo de. "A carismática despolitização da Igreja Católica". Em: PIERUCCI, Antonio; BRANDI, Reginaldo. *A realidade social das religiões no Brasil*. São Paulo: Hucitec, 1996.

PROCÓPIO, Carlos Eduardo Pinto. "Uma interpretação da sociologia da religião de Danièle Hervieu-Léger". *CSOnline. Revista eletrônica de ciências sociais*, ano 3, 7ª ed., maio/agosto de 2009.

QUADROS, Eduardo. "O silêncio e a balbúrdia: sobre a experiência pentecostal". *Revista Fragmentos de Cultura*. Goiânia, jan. 2005, vol. 15, n. 1, pp. 145-156.

Renovação Carismática Católica. *Oração pela cura*. 2ª ed., São José dos Campos: Com Deus, 1999.

Revista Isto É. Milagre da cura. <www.istoe.com.br>. Acesso em 20 de junho de 2007.

REZENDE, J. M. *Caminhos da medicina: trajetória histórica da clínica médica e suas perspectivas*. Palestra na Jornada de Clínica Médica para estudantes de medicina realizada em Goiânia em 19/08/1998. <usuarios.cultura.com.br/jmrezende> Acesso em abril de 2006.

RICOUER, Paul. *O mal, um desafio à filosofia e à teologia*. Campinas: Papirus, 1988.

ROLIM, Francisco Cartaxo. *Pentecostalismo: Brasil e América Latina*. Petrópolis: Vozes, 1994.

_____. *Pentecostalismo no Brasil: uma interpretação sociorreligiosa*. Petrópolis: Vozes, 1985.

ROUANET, Paulo Sérgio. *Mal-estar na Modernidade*. São Paulo: Companhia das Letras, 1993.

SANCHIS, Pierre. "O campo religioso contemporâneo no Brasil". Em: ORO, Ari Pedro; STEIL, Carlos Alberto (orgs.). *Globalização e religião*. 2ª ed., Petrópolis: Vozes, 1999, pp. 103-116.

SANFORD, J. A. *Mal: o lado sombrio da realidade*. São Paulo: Paulus, 1988, pp. 152-194.

SANTANA, Luiz Fernando R. *Batizados no Espírito Santo: a experiência do Espírito Santo nos padres da Igreja*. São José dos Campos: Editora ComDeus, 2000.

SAVIOLI, Roque Marcos. *Milagres que a medicina não contou*. 20ª ed., São Paulo: Gaia, 2004.

SILVA, Maria da Conceição. *Política e hegemonia na Igreja Católica: um estudo sobre a Renovação Carismática*. Goiânia: UFG, 2001.

SOUZA, João Oliveira. "A experiência do Sagrado". Em: LAGO et al. *O Sagrado e as construções de mundo*. Goiânia, ed. da UCG, 2005, pp. 45-62.

SOUZA, Beatriz Muniz; MARTINO, Luís Mauro Sá. *Sociologia da religião e mudança social: católicos, protestantes e novos movimentos religiosos no Brasil*. São Paulo: Paulus, 2004.

SPULDARO, Ironi; CASAGRANDE, Vera. *Há poder de Deus!* Goiânia: Editora RCCBRASIL, 2006.

STEIL, Carlos Alberto. "Pluralismo, modernidade e tradição". *Ciencias Sociales y Religión/Ciências sociais e religião*. Porto Alegre, outubro de 2001, ano 3, n. 3, pp. 115-129.

STROPPA, André; MOREIRA-ALMEIDA, Alexander. "Religiosidade e saúde". Em: SALGADO, Mauro Ivan; FREIRE, Gilson (orgs.) *Saúde e espiritualidade: uma nova visão da medicina*. Belo Horizonte: Inede, 2008.

TEIXEIRA, Evilázio Borges. *Aventura pós-moderna e sua sombra*. São Paulo: Paulus, 2005.

_____. "Modernidade e Pós-modernidade. Luzes e sombras". *Cadernos IHU Ideia*, ano 4, n. 50, 2006.

TEIXEIRA, Faustino (org.). *Sociologia da religião: enfoques teóricos*. Petrópolis: Vozes, 2003.

TELLES, Fernando S. P.; ANTOUN, Henrique; ARÊAS, James B. "Doença e tempo". *Cadernos de saúde pública*, vol. 9, n. 3, Rio de Janeiro, julho/setembro,1993.

THEIJE, Marjo de; MEDEIROS, Bartolomeu Tito F. "Apresentação: religião, gênero e saúde". *Revista Anthropológicas*, ano 6, vol. 13 (1), 2002, pp. 7-14.

TERRIN, Aldo Natale. *O Sagrado off limits: a experiência religiosa e suas e expressões*. Tradução Euclides Balancin. São Paulo: Loyola, 1998.

UCHOA, E.; VIDAL, J. M. "Antropologia médica: elementos conceituais e metodológicos para uma abordagem da saúde e da doença". *Caderno Saúde Pública*. Rio de Janeiro, vol. 10 (4), pp. 497-504.

VAN DEN BORN, A. *Dicionário enciclopédico da Bíblia*. 2ª ed. Petrópolis: Vozes, 1977.

VATTIMO, Gianni. *Depois da cristandade*. Tradução Cyntia Marques. São Paulo: Editora Record, 2002.

VELASQUES, Prócoro F. "Declínio do cristianismo tradicional e ascensão das religiões do espírito". Em: MENDONÇA, Antônio Gouvêa; VALASQUES, Prócoro Filho. *Introdução ao protestantismo no Brasil*. São Paulo: Loyola, 2002.

VENDRAME, Calisto. *A cura dos doentes na Bíblia*. São Paulo: Edições Loyola, 2001.

WACH, Joachim. *Sociologia da religião*. Tradução Atílio Cancian. São Paulo: Paulinas, 1990.

WALSH, Vicent M. *Conduzir o meu povo. Manual para líderes carismáticos*. Tradução Gulnara Lobato de Morais Pereira. 4ª ed., São Paulo: Loyola, 1987.

WEAVER, A. J.; KOENING, H. G. "Religion, Spirituality and their Relevance to Medicine: an Update". *Am Fam Physician*, 2006, pp. 73-78.

WEBER, Max. *A ética protestante e o espírito do capitalismo*. Tradução Pietro Nassetti. São Paulo: Martins Claret, 2004.

_____. "A ciência como vocação". Em: WEBER, Max. *Ensaios de sociologia*. Tradução Walternsir Dutra. 5ª ed., Rio de Janeiro: LTC, 1982.

_____. *Economia e sociedade. Fundamentos da sociologia compreensiva*. Tradução Regis Barbosa e Karen Elsabe Barbosa. Brasília: UNB, 1999.

World Health Organization. Fact Sheet: Traditional Medicine, n. 134. <www.who.int/mediacentre/factsheets/fs134/en/> Acesso em 4 de abril de 2009.

WOODWARD, Kenneth L. *O livro dos milagres. O significado dos milagres no cristianismo, no judaísmo, no budismo, no hinduísmo e no islamismo*. Tradução Maria Cláudia Lopes. São Paulo: Mandarim, 2000.

Esta obra foi composta em CTcP
Capa: Supremo 250g – Miolo: Pólen Soft 80g
Impressão e acabamento
Gráfica e Editora Santuário